EDITORIAL
SANTALEY

Hugo Noël Santander Ferreira

América
de
Norte a Sur

Poemas de un Nómada Americano

Editorial Santaley - Libro electrónico e impreso
Edición original, 2026
Consultoriasstanley@gmail.com
Bucaramanga, Colombia

Hugo Noel Santander Ferreira © 2026

ISBN: 9798857326855
Diseño de portada y contraportada
© Leyla Tobías de Santander
Diseño interior del libro virtual e impreso por Leyla Tobías de Santander.
Fotografía de Hugo Noël Santander Ferreira
Impreso y digitalmente originado en Colombia

Fue un poeta - Aquel
Que destiló un sentido revelador
De significados ordinarios

Emily Dickinson

Índice

Prólogo de Leyla Margarita Tobías Buelvas

En *América de Norte a Sur*, Hugo Noël Santander Ferreira despliega una poética del desarraigo y la resistencia, un mapa de cicatrices donde se entrelazan lo sagrado y lo terrenal, el exilio y la pertenencia, el juicio y la redención. Este libro propone mucho más que un recorrido geográfico por el continente: traza una travesía espiritual, ética y política escrita con la tinta de la memoria y la sangre de la experiencia. El poeta habita la poesía, la atraviesa con el cuerpo y la transforma en testimonio, en plegaria laica, en conciencia activa.

Este volumen reúne tres poemarios —*El Día Prometido*, *La Eternidad es tu Conciencia* y *América de Norte a Sur*— que funcionan como un solo organismo vivo. Cada uno corresponde a una escala distinta del existir: el horizonte último del sentido, la interioridad encarnada y la historia compartida. Juntos componen una arquitectura donde la palabra examina la vida desde su raíz moral.

Desde los primeros versos, el lector ingresa en una liturgia de ausencia y promesa:

> *Meditemos por nuestro Día Prometido*
> *Día sin nada, sin él o ella, sin ti, sin mí.*

La promesa se presenta como una paradoja desgarradora: el día anhelado coincide con el vaciamiento de las identidades, con la disolución de las seguridades afectivas. En ese espacio despojado surge la materia del canto. *El Día Prometido* adopta un tono coral y profético, observa el mundo

11

desde una altura ética y sostiene el dolor propio y colectivo como parte del mismo gesto. En *Simón del desierto*, la voz poética se eleva como un asceta sobre la torre de su soledad:

> *Alto sobre tu austera torre siria,*
> *ofrecías en la carne la dolencia*
> *mirabas el devenir de los siglos.*

La poesía se vuelve columna desde la cual se contempla el sufrimiento del mundo y se asume una responsabilidad ante él. El poeta encarna al profeta y al mártir de su tiempo, al testigo que mira sin apartarse.

La Eternidad es tu Conciencia conduce la mirada hacia el cuerpo, la memoria íntima y el don cotidiano. La eternidad aparece como experiencia presente, alojada en la conciencia que agradece, recuerda y camina. El equilibrio recuperado, la lectura compartida, el gesto mínimo revelan lo sagrado encarnado. La pregunta central atraviesa el libro como revelación ética:

> *¿Qué les faltaría para ser eternos?*
> *¿Leer a quien ha vuelto de los muertos?*

Aquí la poesía se convierte en ejercicio espiritual donde la conciencia individual se expande hacia una dimensión universal. La inmortalidad se manifiesta como comunión afectiva y responsabilidad compartida. Vivir con atención y fidelidad se vuelve forma de trascendencia.

Con *América de Norte a Sur*, el libro asume su dimensión histórica. El viaje por ciudades, lenguas y fronteras revela que el desarraigo produce conocimiento. El lenguaje mismo aparece como territorio en disputa:

> *El lenguaje abrió una brecha entre los dos*
> *Un vacío mutuo que solo los besos curan.*

La fractura entre idiomas y culturas se manifiesta como herida emocional. La palabra también actúa como puente, refugio y arma. En ese abismo, el poeta funda una pertenencia distinta: una comunidad sostenida por la memoria y el afecto.

Uno de los gestos más potentes del libro reside en su intertextualidad viva. Hamlet, Don Quijote, Walter Benjamin, Candelario Obeso y San Jaime Santander comparecen como presencias hermanas dentro de una mitología personal. Al afirmar:

Así fui Hamlet, y así moriré:
Apóstol del teatro que es la vida,

el poeta se inscribe en una genealogía de seres heridos, heroicos en su fragilidad. Al retomar la voz de Obeso,

¿Porque me ves la cutis
De la color de la tinta
Acaso crees que es negra
También el alma mía...?

la poesía se convierte en resistencia desde la lengua y denuncia una gramática del racismo aún vigente en los prejuicios sociales que atraviesan Colombia y América entera.

La dimensión espiritual del libro se expresa de manera encarnada. En *Primera canción coral a un Día Prometido*, el juicio final se vive como redención secular:

Entonemos un canto al Día Prometido,
día de juicio y redención anhelada.

13

En la figura de San Jaime Santander, quien repartió tierras entre pescadores, lo bíblico se transforma en gesto político. Lo sagrado se manifiesta en la justicia practicada, en la fidelidad a los humildes, en la ética cotidiana.

En el centro simbólico de la obra se articula un tríptico fundamental: madre, mujer y América como tierra. La madre encarna el origen, la voz formadora, el amor que cuida y exige. La mujer representa el deseo, la pérdida, el amor como prueba y revelación. América aparece como cuerpo histórico: tierra prometida, herida y fértil, espacio de acogida y expulsión. Estas tres figuras sostienen la tensión ética del libro y organizan su imaginario profundo. Amar a la mujer, honrar a la madre y habitar la tierra se vuelven expresiones de una misma responsabilidad.

El amor atraviesa toda la obra como fuerza creadora y devastadora. Erotismo y duelo se entrelazan con intensidad:

> *Qué irresistible el roce de su vestido*
> *Mis manos sobre sus selvas y paisajes,*

y también:

> *Cuando en tardes que el silencio abraza*
> *Tu voz y tu rostro regresan con la brisa.*

El amor se encarna en contextos concretos: migración, diferencias culturales, precariedad laboral. El poeta nombra lo que hiere y lo que sostiene.

La memoria ocupa un lugar central. En *Esclavos de una memoria inagotable*, la palabra de Shakespeare ilumina el gesto poético:

El propósito es esclavo de la memoria.

Recordar se convierte en acto de resistencia. Escribir levanta un memorial de lo vivido:

Los despojos de ese amor, tus risas
tu rebeldía, tomada de mi mano.

En *North Park*, uno de los poemas más incisivos, el sueño migrante se muestra en toda su complejidad:

Preso de ingenuo orgullo,
llamé a antiguos docentes.
¡Imposible!, fue su fría respuesta.

La épica cede su lugar a una dignidad silenciosa sostenida en medio de la intemperie.

Hacia el cierre del recorrido, el poeta formula una ética que atraviesa toda su obra:

Nosotros, forjados en la nobleza
volvemos a buscarlos, si imposible,
aunque nos vean rotos, aun muertos.

Este verso resume una concepción radical del amor y la fidelidad como actos de perseverancia.

La denuncia social irrumpe con fuerza en textos que condenan la corrupción y la injusticia. La poesía actúa como juicio y exorcismo, señala con claridad y convoca a la conciencia. En este libro, la palabra recupera su función antigua: nombrar, recordar, restituir.

América de Norte a Sur se erige como una obra necesaria en tiempos de fronteras visibles e invisibles. Aquí se construyen puentes donde otros levantan muros. La poesía, arraigada en lo local y abierta a lo universal, recuerda que detrás de cada desplazamiento late una historia de amor, pérdida y resistencia.

Leer este libro constituye un acto de reconocimiento: de las heridas compartidas, de la dignidad de quienes migran, de la potencia redentora de la palabra. Hugo Noël Santander Ferreira, como los antiguos vates, canta, testimonia y devuelve humanidad al lenguaje.

Leyla Margarita Tobías Buelvas
Sincelejo, junio 25 de 2025

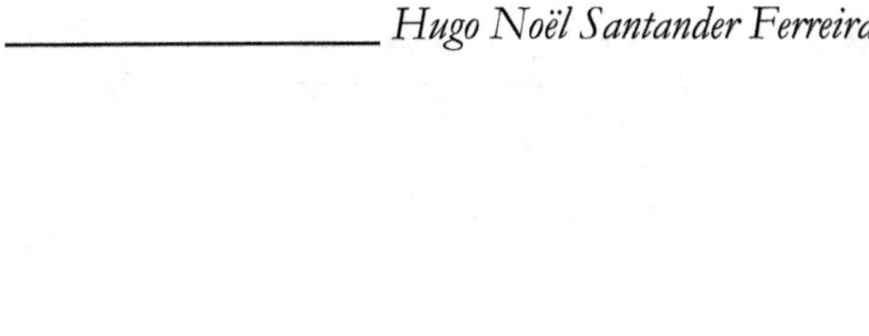

Cantos para el Juicio Final

*Otros ecos
Habitan el jardín. ¿Los seguiremos?*

T.S. Eliot

Tercer Canto Coral para el Día Prometido

Meditemos por nuestro Día Prometido
Día sin nada, sin él o ella, sin ti, sin mí
Día sin reproche, sin paz, sin máscara

Tu día más tortuoso ha terminado.
Y vuelves al cauce de tu cadáver
Tejido de ilusiones y frágiles nervios

Por quienes lloraste regresan de sus tumbas
Pero lejos de alegrarte palideces
Pues acusan a sus asesinos y conspiradores

Meditemos por nuestro Día Prometido
Día sin nada, sin él o ella, sin ti, sin mí
Día sin reproche, sin paz, sin máscara

¿Cuándo descenderá la neblina de Tabor?
Nos transfiguraremos en el dios prometido
Recuperaremos las playas de aquel verano

No lamentarás más el nihilismo en boga
Ni te refugiarás en el tan aplaudido ateísmo
Al ver las bibliotecas del Edén y los jardines del infierno

Meditemos por nuestro Día Prometido
Día sin nada, sin él o ella, sin ti, sin mí
Día sin reproche, sin paz, sin máscara

¿Quién siente o piensa contra los demás?
¿Por qué temblamos en las noches?
Altas son las ambiciones; los medios escasos

Cada engaño, mentira o envidia será conocida
Cada menosprecio, cada intriga
Y el Padre, Jesús y yo lo señalaremos al orbe

Meditemos por nuestro Día Prometido
Día sin nada, sin él o ella, sin ti, sin mí
Día sin reproche, sin paz, sin máscara

No seamos egoístas, seamos héroes ciegos.
Simplemente suframos derrotas y evitemos hambre
Sin tiempo para evaluar ambiciones

Confiemos en la balanza universal
Donde pecadores son castigados por su bien
Y perversos son ignorados por su mal

Meditemos por nuestro Día Prometido
Día sin nada, sin él o ella, sin ti, sin mí
Día sin reproche, sin paz, sin máscara

Meditemos para apreciar la nada
Que no nos pase lo que al maldito muerto de Er
Ebrio de mundo se apresuró a ser Rey
Y al renacer lloró su filicidio futuro

Meditemos por nuestro Día Prometido
Día sin nada, sin él o ella, sin ti, sin mí
Día sin reproche, sin paz, sin máscara

O cómo al rico que desde el infierno

Reclamó a Dios no haberle enviado
A Cristo, resucitado que tantos ignoraron
Habiendo podido conversar con Él

Meditemos por nuestro Día Prometido
Día sin nada, sin él o ella, sin ti, sin mí
Día sin reproche, sin paz, sin máscara

Simón del desierto

Oh Simón del Desierto, en breve tiempo,
hiciste del instante una promesa,
brillaban tus días en los estertores
de un imperio cimentado por la fe.

Una vida fugaz, hoy imposible,
sellada en lo perenne del asombro,
ni el sol ni el rayo te consumieron,
desafiando los límites de la razón.

Alto sobre tu austera torre siria,
ofrecías en la carne la dolencia,
mirabas el devenir de los siglos,
la caravana del temor humano.

¿De qué modo viviste sin sustento,
sin agua ni sustancia que te nutra?
Años fueron tus miembros ofrecidos
al Dios manifiesto también a la intemperie.

Tu fe, hazaña espiritual de aquel Imperio,
fue un gran paso para la humanidad,
ejemplo para quienes temen la tentación
del hambre, la falta de techo, el desamor.

Tu fuego nos consuela en nuestra sombra,
tu voz da testimonio al que vacila,
pues no pudo la duda doblegarte
ni el roce del olvido desgastarte.

No somos más que fango enardecido,
heridos por los años y sus trazas,
vestidos por sentidos que se extinguen
bajo un decaimiento inevitable.

Mas tú, Simón, con tu casa en el aire
allí donde solo el éter se aventura,
eres mito y verdad al mismo tiempo,
más alto que la carne y su derrota.

La ciencia escéptica, que niega el alma,
confirma tu prodigio en los ayunos
de monjes tibetanos que resisten
el tiempo y el dolor sin alimento.

Buscamos el refugio más amable,
el tibio y conocido resplandor,
lejos de tus abismos solitarios
y el sol que te quemaba sin clemencia.

Nos basta un paraíso en la penumbra,
un mar mediterráneo y pacífico,
mas tú hallaste a tu Dios en la intemperie,
dando paz al suplicio en tu semblante.

Primera canción coral a un día Prometido

Entonemos un canto al Día Prometido,
día de juicio y redención anhelada.
Dies Irae, el día de destrucción final,
el fin de nada y alba de eternidad.

Mar que probaron los que a Abel odiaron,
junto a los hijos del patriarca Noé,
y Edipo lanzándose a la humeante
boca del fogoso y chisporroteante Etna.

Entonemos un canto al Día Prometido,
día de juicio y redención anhelada.
Amplio el cielo en la frente de Antonieta,
el mismo cielo en llamas vio San Juan.

Éxtasis que a las damas de Babel desvaneció,
delirio en quienes un jurar torturó.
Día envejecido en baldíos y hastíos,
día en que al fin sabremos la otra faz.

La faz sin tentación ni los engaños,
libres de culpas, máscaras, lamentos,
cantamos hoy al día postergado,
día sellado desde el nacimiento.

Entonemos un canto al Día Prometido,
día de juicio y redención anhelada.
Siempre temido, injuriado, representado

como el fuego que a los afectos devora.

Yo lo he visto devorar solo el ego,
no a las almas, ni al justo, ni al cordero.
Entonemos un canto sin demora
al día eterno, al fin verdadero.

Todos hemos de morir, te digo

Todos hemos de morir, te digo
La hoja más frondosa, la brisa más ligera,
Aquel riachuelo que las anémonas trazaron.
Todos hemos de morir, te digo.

El agua recorriendo esos brazos infantiles,
Mis veladas que quebraron las naciones.
Todos hemos de morir, te digo,
Y aun así raras veces conversamos.

La vida, como la muerte, inalcanzable pasa.
Me robaron las botas al llegar, ¿sabes?
Las risas fueron más afiladas que el acero.
Otro día fui ladrón, el anterior recluta.

La ley aquí es la del más salvaje.
Dicen, Jesús, que quien no mata salva su Ser,
Pero el alma aquí vale menos que un cigarro.
El que se apiada no despierta al alba.

Quien duda ya ha cavado su fosa,
Aunque no todos seremos perversos,
Con el nombre borrado de su tumba
He visto madres recoger sus restos.

"Elijo ser asesino antes que me maten",
Es lo en la milicia me enseñan:
No por odio, ni por gloria,
Solo por no ser el próximo en morir.

Los pasos del monte los presiento,
De lo que fui, de lo que me obligaron.
No hay redención donde todo arde,
Ni patria donde niños me apuntan con fusil.

Todos hemos de morir, te digo,
Tarde para ti, para mí temprano
Si escucharas la orden, también escaparías:
sangre que vierto y no me pertenece

De "Colombia Corrupta", Londres, 2004

Los álamos se balancean

Gratias agimus tibi propter magnam gloriam tuam

De la Liturgia Cristiana

Las ramas de los álamos se mecen,
hablan con el celeste firmamento,
agradeciendo lluvia que desciende
sobre la hierba nueva y florecida.

El canto de los pájaros pintados
apacigua este nido de retiro,
lejos del grito humano y su sonrisa,
de la risa fugaz de cada día.

El mundo se sosiega si dejamos
la savia de vivir tan aferrados,
y fluye en nuestras venas la armonía,
la paz como un torrente sin represa.

He visto desvanecerse ciudades,
perdí seis empleos, tres esposas,
mi progenie, como la de Job, feneció;
mis dominios fueron secuestrados.

Y como Job, protagonicé milagros:
ciudades que nadie creía serían mías
abrieron sus umbrales a mis pasos
Filadelfia, Londres, Oporto, Chennai

Lenguas que un arduo estudio me entregaba
un don que el sabio sabe que es divino.
Pues toda lengua viene del Creador
del Tao que fluye y rescinde explicaciones.

Después de cada sombra brota el día,
como el sol que llega hasta los polos.
En la tierra somos su esperanza
verdor que germina tras la escarcha.

La vida es tan frágil, pero canta.
La belleza emanas; ella nos habita,
Nuestro es el Ganges y los suburbios de Roma,
La Alhambra y la alcoba de Bucaramanga.

El sol nutre alegrías menospreciadas,
tus venas ilusionadas transportan,
la sangre de Leviatán y los dragones,
eres fuego que del corazón emana.

Hoy el cielo es gris, mas tras la lluvia,
el azul se prepara en su misterio.
Una creación se esconde en otra,
Dios nos da eternamente su experiencia.

Confesión

El mundo que heredamos de Pandora
y Eva fue la herencia del dolor,
nacimiento por el que Calderón
y Segismundo nos inculparon

Ambos eximieron a tus padres.
Porque el mayor pecado
del hombre es haber nacido
en un mundo de efímeros goces

Destino de piedra que Atahualpa evitó
a sus vírgenes en Machu Picchu
consuelo que Moctezuma no alcanzó:
Apedreado murió por su pueblo.

Sus sagas, como llamas, resplandecen
sobre el fin del Zipá Tisquesusa,
quien huyó por los juncales y murió
golpeado en la testa por bastón.

Macaregua, caudillo de los Guanes,
saltó al vacío al verse traicionado
¿O expió de culpa a sus mujeres
por asimilar otro idioma apresuradas?

Cantos que hoy son usurpados
por modas que el mundo glorifica,
Bufones que exilian sacerdotes
Haciéndonos reír de sus pecados

¿Por qué luchamos? Por alcanzar
no el dólar, ni su brillo pasajero.
¿Privaciones? Tentaciones o espejismos
pruebas que la inmortalidad subsana

Pues somos todos reyes destronados
Que tras la muerte serán interrogados
con una frase que os revelo: ¿Denunciaste
los desmanes de los tuyos o callaste?

Fuente de Vida

Ma ci sono fonti, – qualcuno tra noi
certo pensò, – che, appena se ne beve,
accrescono la sete, anziché placarla

Calvino

La fuente de la vida se difunde
a través de la risa y la vergüenza,
también por el dolor del nacimiento,
con su gemido antiguo y necesario.

Eruditos presiden la verdad,
débil, inconstante, casi sin forma,
que ansía lo que ofrecen los que mienten
con arte de palabras bien pulidas.

Retóricos del alma sacrifican
el egoísmo, sombra interminable,
la tortura de curas sin altar
y ateos sin consuelo ni misterio.

Narcisos impulsan moda y vanidad,
Calzan zapatos elegantes,
obedientes al reflejo son artistas,
así sean ídolos del humo.

Una estrella de ojos que segregan,
rubia, resplandece entre los gritos.
Chaparro es y soborna con vino
Quien escribe sin adular lo enardece.

La virtud que brilla ante la gleba
Es amor que en celo estalla.
Acordaos del sabio Cicerón:
la envidia es la gangrena de la admiración.

Si crece el capital, crecen las sombras;
si aumenta el poder, más enemigos.
Por eso tantos prefieren el presente,
ser ignorados en su lucha por el pan-

Por vuestra ambición están clavados
los sabios que os amaron sin reservas,
Una estirpe encarcela a nuestra Eva,
y su vientre trabaja sin descanso.

No es castigo el sudor de la jornada,
es el ocio quien teje los abismos.
Soledad vacua que niega lo divino,
separación del padre espiritual

Basta ver los animales de la tierra,
querubines vivientes sin pecado.
Duermen sin vanidad, mueren en paz,
aman sin pretensión ni juramento,

Tus caminatas largas, solitarias,
exorcizan los sueños confundidos.
La fuente de la vida se difunde
a través de la risa y la vergüenza.

Segundo Canto Coral del Día Prometido

Cantamos una canción coral al día,
al Día Prometido por los padres,
felicidad dúctil que se forjó
bajo el yugo de tres generaciones.

Por los ríos más fríos del norte,
bajo los bosques hondos del confín,
más allá de las cumbres silenciosas
y del clamor de pueblos masacrados,

cantamos una canción coral al día,
al Día Prometido por los padres,
felicidad dúctil que se forjó
bajo el yugo de tres generaciones.

Con voces graves, lentas, detenidas,
pronunciamos oraciones antiguas,
renunciando al yo roto y su derrota,
al espejismo gris de identidad.

Multiplicados fuimos por el tiempo,
diversos en la entraña del reflejo,
esperanza y premio del que espera,
recompensa de días sin sosiego.

Cantamos una canción coral al día,
al Día Prometido por los padres,
felicidad dúctil que se forjó
bajo el yugo de tres generaciones.

No solo soy yo: soy el que fue amado,
el que soñé, el que me hirió, el que amé,
el opuesto, el demonio y el ungido,
el reflejo de todos tus espejos.

Lo que tú juzgas hoy con tanto celo
es solo la máscara de un instante.
Al disolver el ego, tú eres Dios
que se conduele incluso de tu mal.

La misericordia es infinita
y os daré tantas vidas como sean
necesarias para que corrijáis
ese apego a un ser entre todos

Quienes carecemos de ambición

¿No te enseñaron a acaparar
joyas, mujeres, autos, casas?
Del hombre al animal hay pureza,
de la ciudad a la postrera condena.

¿No te dijeron que los estafadores,
los más hábiles, son quienes vencen?
Que aquel que produce barato,
y vende carísimo es un héroe

Cultura que a agiotistas adula e idolatra,
Rothschild o Lenin; Rockefeller o Fidel
Libros y siglos sometidos al insomnio
De una razón reducida a competencias

Naciste entre codicia y entre hienas
te enseñan que el estafador es un as.
Si no capitalizas serás condenado
Pudiste también extorsionar o secuestrar

Pero te negaste a deslumbrarnos
como bribón de cuello blanco
exonerado por fiscales sobornados
Hampón de líder popular disfrazado

Y preferiste la inocencia primigenia
a la pasión del engaño y la traición,
a la mujer de sonrisa desgastada,
a la manipulación de los puñales

Hoy ser "emprendedor" es ser el lobo
que caza a hombrecitos con ideas
de Midas su toque, luciferina su astucia
depredador que da su diezmo al templo

Y si eres empleado del Estado,
que sea sobornando a cada paso.
Ganando adeptos con opíparas cenas
Domando el sistema con vándalos.

Si trabajas por horas tu salario,
bajo jefes que ganan más que tú,
(¡cuidado!, si lo dices te despiden)
Dirán que careciste de ambición.

Un "loser", dicen en EE. UU. con ultraje,
A quienes no alcanzaron ya la cima
en un país que se proclama honesto
en sus promociones laborales

Mas yo te digo, repitiendo a Cristo:
no envidies al codicioso aparente.
Los héroes que celebran los diarios,
con corbatas, de cabellos perfumados

Sabemos que para triunfar engañan
Que para mantener su podio firme
Recurren a acciones execrables
Que sus propios órganos reprueban

Quienes carecemos de ambición
no por falta de genio o de recursos,
sino por náusea a lo perverso
nos aventuramos en ámbitos etéreos.

Tu herencia no será el oro enmohecido,
sino alcázares que la honestidad fabrica
lo ha atestiguado Catalina de Emmerich
jardines en que lo ya vivido te espera

Nunca es tarde para arrepentirse

Desde el París en que te socorrí
en mi francés para que llamaras
a tu madre en su cumpleaños, insisto
Que nunca es tarde para arrepentirse.

Aun puedes desistir de esas acciones
con que, injusta, incitabas a estudiantes
a herirme con crueles infamias,
fraguadas en un odio compartido

Durante semestres me antagonizaste
Dibujándome como el ser más bisoño,
negando que mi francés abría colinas
mi inglés valles, mi alemán condados.

No es vanidad confesar lo vivido:
Lo sufrido es de la poesía el caudal
que despierta a adormecidos pupilos
aletargados por rencorosos tutores

Bogotá es solo un pueblo de los Andes
aislado por conquistadores y guerrillas,
y el mundo, amiga, exige otra mirada.
La que conmigo valora lo vivido

Nunca es tarde, escucha, para enseñar
Que quien no relata sus vivencias
Está condenada a plagiar las de otros
O a ahogarse en la bilis del fracaso

Nunca es tarde para incinerar
Los odios que de otros heredamos
Esa filosofía de atacar a quien innove
Por temor a perder lo conservado

Aún puedes narrar, sin explicaciones
tus viajes sin sentido, los paisajes
que cruzan tu autopista y tus adioses
tus gozos, tus lágrimas, tus odios

Nunca es tarde para vivir en una misma
Sin desvelarse por lo que otro haga
La honra es ser feliz con lo vivido
consuelo de los héroes y los dioses.

Nunca es tarde para rechazar
las frases que heredamos de ancestros
que colonizaron este bravío continente
asesinando a los más débiles

La debilidad es el arte, no el veneno
Perdona, amiga, o jamás serás artista
Renuncia y no temas a mi venganza
Que el perdón es el portal de mi morada

Huracanes

¡Oh, humanidad! Si sigues en la intriga,
la tierra misma te borrará del mapa.
La madre tierra anunció su ultimátum:
otra especie vendrá con nuevo acervo.

Los dioses nos expulsan del Edén
Del que ancestros fueran ya expulsados
Un ángel blanco desciende, y me pregunta
por qué ha muerto la conciencia de los hombres:

"¿Merece esta civilización prolongarse?"
Estudié la historia de la humanidad
Ayuné, en vano busqué un hombre justo
Que superara a Jesús o a Sócrates

Triunfan aún quienes urden contra el justo,
El ángel culpa a tantas cofradías encubiertas.
Doce hombres dominan si obedecen
a quien afirma que trabajan en equipo

Yo renuncié a sus redes muchas veces,
y en nueve naciones los desenmascaré.
Mienten en sincronía como hienas
que atacan en jauría, así las guerras.

Pero mi alma, libre y sin mentira,
se alza con huestes invisibles.
Para quienes derroto soy un mago
Pero no acudo a sortilegios, solo a Dios.

Si también creyeran en Dios omnipotente,
Vislumbrarían las cimas de lo eterno.
¿No vieron, en la tormenta más furiosa
El fin de quienes quisieron destruirme?

Es cuando caes que tu alma se templa,
el metal se revela en la caída.
Y así descubres que el dolor te fragua
para encontrar sentido a nuestra herida.

La vida, cierto, es un torbellino,
Eurípides mostró su cruel destino
Ver sin ser visto por la muchedumbre
nos lleva a ver la tragedia del impío

Como los aztecas que ignoraron
las advertencias de sus vírgenes
nuestras mafias niegan que a la tierra
vuelva la nobleza que tanto despreciaron.

Tarde de Domingo

Cuando la pena cae como rocío
y el alma se me inunda de impotencia,
comprendo que el dolor no es desafío,
sino la voz oculta de la esencia.

Mi mente, en el domingo del quebranto,
evoca tu ternura silenciosa;
mi dulce compañera, fiel encanto,
que haces de la tristeza, mariposa.

Actuamos, como Menandro dijo,
no como queremos, sino como podemos.
O quizá vivamos lo que el alma ya elegía,
y no lo que nuestro deseo anhela.

En cada vida hay lágrimas calladas,
que cuidamos de ser disueltas por la lluvia.
Eres mi caudal tras secas esperanzas,
panal de miel en la abismal ladera.

Nuestro Ser primigenio, sin futuro,
Brota de premios y castigos inmortales.
Job lo entendió en su noche de condenas,
y Schopenhauer lo entrevió pasmado

Por ello, sin razón, casi te olvido,
me ciega la costumbre del sosiego.
Mas me voy de tu mirada, y a tu nido
Regreso como el ansioso al ímpetu.

El mundo y su vanidad nos contaminan,
nos hacen ver lo inerte como eterno.
Juramentan que los sueños se terminan
con la muerte, subvencionan sus anuncios.

Y veo que la pena es una estampa
del tiempo que no puede ya alcanzarnos,
la sombra de los años nos aplasta
como a los insectos de los parabrisas

Anima Mundi

Hacedor de todas las filosofías
Puerto de los océanos
Madre de todos los credos,
Refugio de las razas

Hace treinta años
También me llamaron indio
En una escuela de América del Sur
Donde nací

India, India, India
La esperanza de mi era sin creencias
La reivindicación del yo

El mercado donde conviven la violencia y la paz
Porque si alguna vez admiré

                a aquellos
dispuestos a ganar
Me has enseñado a admirar

                a aquellos
dispuestos a vivir

Otoño

No todas nuestras hojas han caído,
aún cuelgan, sin vivir, de ramas torvas.
Terracota su piel, ya sin latido,
recuerdan que octubre cerró sus puertas.

Insufrible es la muerte en esta danza,
yo que nací en la tierra tropical
donde la vida oculta su mudanza
y el fin llega secreto, subrepticio.

¿Será por eso que las naciones en paz
son solo aquellas que te ven, otoño?
Tu lento desvanecerte es reflejo
De un alma que se apaga sin encono.

Bello te vas en cálidos colores
que el sol preserva al alba y al poniente;
aceptas los sinsabores de la muerte,
con plena fe en el renacer de primavera.

Mis amores, mis risas ya marchitas,
ya en septiembre teñíanse de oro.
Después de un año de duro destierro,
me abrazas con tu desapego de mundo

Y al contemplar tu semblante enaltecido
feliz al fin de abandonar lo ya vivido,
comprendo que todo lo que va regresa
incluyendo mi amor a cada paso.

Martin, Karen y Jonnathan

—Estoy tan preocupada por el logro —
suspira Karen, pálida y abierta—,
que olvido que este cuerpo aún es mío,
y sigue aquí, detrás de mi ambición.

En mi trabajo vi pasar a Martín.
Karen contó que un perro, por descuido,
le arrancó tres colmillos de una vez.
Yo quiero creerlo… mas algo me dice

que nada en este mundo es incidencia.
Tanta confianza, tanto amar, daña.
Jonnathan bromeó con sus heridas,
y reímos sin ver lo que dolía.

Reír fue preferible a ser sinceros;
admitir su dolor sería torpe,
y Martín, el más necio en la escena.
Todo eso nos reímos… por cobardes.

Jonnathan vino a darme mis cuadernos.
Dije que los usaba para clase,
mas vi en sus cejas una duda muda,
quizás por no tenerlos más consigo.

Tal vez quería hacerles fotocopias
o simplemente tiempo para leerlos.
Fui despiadado, pues debía entregarlos
el martes en la vieja biblioteca.

Y aunque no me sirvieron, y confieso
que acaso ni los hojee siquiera,
necesité probarme que no existo
tan solo para el bien de los demás.

Jonnathan es egoísta. Yo, no tanto.
Me los pidió por solo dos jornadas.
Sandro tenía copia y se excusó
alegando deberes impostergables.

Excusarse: un arte que respeto.
Lo admiré sin querer admiración.
Pues odio en el fondo a quienes se excusan,
a sí o a otros, buscando absolución.

Quiero creer que existen otras causas
más dignas que mentir con elegancia.
Damián me hizo ver que el hoy importa
más que el lamento vago del archivo.

Mas escribir, como leer, separa
el alma del instante que respira.
Quizás los que no usaron nunca tinta
vivieron más felices en su playa,

como en Typee, desnudos y dormidos,
sin mapas, sin relojes, sin memorias.
Nacían, y vivían, y morían
bajo una misma luna sin historia.

Aun así, esta noche les dedico
mi canto a los que están cerca de mí.
Y en versos les confieso que los amo,
aun si a veces parezco distraído.

Proyecto

Presento mi primer largometraje
a unos extranjeros que aman el arte.
Un viejo me pregunta: "¿Y este proyecto,
por qué lo hiciste tú, cuál fue la causa?"

Vacilo. Ya la vida me ha enseñado
que todo lo que hacemos es inútil,
y no quería ser metafísico.
Mis amigos me dicen que soy raro.

El conflicto con mi tío fue profundo,
nacido en la raíz de mi aislamiento.
Reconocer que es el único que amo
y sin embargo no querer ya verlo

es propio del esclavo que obedece
al amo que le exige que se explique.
La esclavitud me llama por mi historia.
No existe lo que nace sin pasado.

Entonces, ¿puedo ser original?
Mi pareja me acusa de deseo.
Ella trata de darme una lectura:
"Eres un mono bajo Escorpio, acaso".

Tal vez mi lujuria me da la vida.
Al viejo respondí: "Para hacer algo",
tras una larga pausa, sin defensa.
La gente se rio por la simpleza.

Temiendo ofender a ese buen anciano
murmuré otra razón, más transparente,
tan simple como hiriente en su verdad:
"Fue mi primer proyecto", dije entonces.

Hay cosas que se esfuman sin dolores

No me preocupa ya la eternidad,
he renunciado al mal, soy solo herido.
No quiero más que hablar con claridad
de lo que fui en el torrente de la vida

Con los años sabemos la verdad,
de cuántas trampas fuimos engañados.
Por dar un caso: a mis veintisiete,
Amy era mi amor, cuánto la amé.

Carol, su amiga, un día de calor
me invitó a Nueva York, tarde de estío.
Vimos "La Tempestad" mi gran pasión,
¡con Patrick, capitán de Star Trek!

Al volver, me confesó sin rubor:
"Necesito un varón que me consuele."
Y tanta fue su voz en su clamor,
que me ofrecí a consolarla, libre amor.

Sus ojos brillaron, sin responder.
No insistí. Lo olvidé. Retiré mi propuesta.
Mas luego Carol llamó a Amy a denunciarme:
"Tu novio me quiso poseer ayer".

No todo acaba así. Hay sinsabores
que ni regresan ni se van del todo.
Hay cosas que se esfuman sin dolores
y otras que callan para volver al cabo.

Condena de los Corruptos en Colombia

Como Petrus Romanus, alzo mi voz,
Contra la corrupción que hiere atroz.
En Colombia, la salud desfallece,
Mientras el pueblo su dolor padece.

Ancianos y niños sin medicación,
Víctimas de una taimada malversación.
Fondos robados a tierras lejanas,
Por gobernantes de manos degradadas.

Piedra y su sombra de ruina y horror,
Dejan al pueblo sin fe ni valor.
Mientras enfermos de cáncer claman,
Por los remedios que nunca llegan.

Volcanes de fuego, romped el silencio,
Castigad a quien vende el sustento.
Ángeles santos, apartaos ya,
De los corruptos que someto a Dios

Demonios, adelanten su traición anunciada,
Abandonen los corruptos a la enfermedad.
Que su codicia y su vil falsedad,
Sea purgada ante la ira alzada.

Ya Hugo advirtió a los pueblos nativos,
Que si con bandidos seguían cautivos,
La furia de la Pachamama estallaría,
Y su castigo al cabo llegaría.

Mas ellos, necios, ignoraron su voz,
Y en brujerías buscaron su hoz.
Contra Hugo intentaron su maldad lanzar,
Pero el taita pagó al intentar conjurar.

Tan grande el castigo por su conjuración,
Que se arrojó por la alta mansión.
Así cae el que enfrenta a lo divino,
Y desafía al justo destino.

Volcanes de amor, romped el silencio,
 Castigad a quien vende el sustento.
 Ángeles del Juez Terrible, acudid ya,
Contra los corruptos que someto a Dios

Funes de Buenos Aires

También fui Funes el memorioso
engendrado por un maestro monstruoso.
Hace dos años conocí su causa:
Liliana Funes, porteña idílica.

Esbelta, Buenos Aires fue su casa,
Amo lo que de los escritores leo.
Le hablé de Funes, a quien ignoraba
o así pretendió en su sinsabor.

Diógenes parecía ser su maestro
me dijo: "¿No hay autores en tu patria?
¿Por qué te interesa el ciego Borges,
A quien detestamos por el fútbol?"

Días después me habló en inglés formal,
se excusó con un aire pensativo.
"En mi ciudad detestan lo banal
y adoran al que gana con trampa."

Cuando solicité su amor, se negó,
me dijo que ya conocía colombianos,
tan astutos como los bonaerenses.
Mas volvió a buscarme a los tres días.

Agotamos de besos la atracción,
que solo los veinteañeros conocen.
Mas cuando me dijo que partía
evadí otra futura congoja

No quise lamentar su desprecio
ni arruinar el relámpago de su mirada
¿Dónde estará hoy? En su lecho porteño,
esperándome fuera de la vida.

Bienaventurados los emigrantes somos

I

Todos mis queridos amigos se reúnen
En algún departamento en Bogotá.
Un frío noviembre ha terminado
Con una tormenta de nieve bíblica

Como si este año acabara
Sepultado por el frío.
Ahora es diciembre,
8 de diciembre.

Día de la virgen en mi país
Con una sonrisa en sus rostros
Los colombianos encienden
Velas pequeñas

Pequeñas esperanzas
                              esta noche.
Cuánto anhelo volver.

II

Mis buenos amigos se han reunido
en algún apartamento en Bogotá.
Y yo, en estas praderas del Delaware,
veo el noviembre helado terminar.

Una tormenta bíblica ha caído
sepultando mi pasado tropical

mis castillos y selvas en la nieve
Hoy soy solo un frío sin hogar.

Es ya diciembre, víspera del ocho
día de la Virgen en mi nación.
Y los colombianos, agradecidos
encendemos velitas en faroles

Luces que de nuestros hogares
cuidan entre tiernas miradas
Que a los niños entregan
todas las respuestas metafísicas

De dónde venimos y a dónde vamos
Cuánto extraño esas verdades compartidas
Pero también por ellas soy de aquellos
Que prefirieron emigrar a retaliar afrentas

"Si un pueblo no acoge vuestra palabra,
sacudid vuestras sandalias y marchad."
Nos enseñó el hijo de la Santísima Virgen
por el bien, la fe, el amor y la bondad.

Todo exilio enseña que lo vivido
con amor ha sido siempre lo mejor.
Pues al final de la senda trazada
puros y extensos serán los pasos

Porque fuimos provocados
y no renunciamos a un buen corazón.
Bienaventurados los emigrantes somos
quienes ya recorrimos a pie los paraísos

Elogio de quienes leen

Un día revisé los viejos libros
que con fervor guardaba desde niño:
los de aventuras que jamás cerré
y los de filosofía en castellano.

Los que quería leer en su lengua madre.
Un día por volumen dedicaría,
si acaso yo viviera de mis letras
y el ocio me abrazara en mi morada.

Viviendo así aún por treinta años más,
leería diez mil libros, a lo sumo.
Apenas media biblioteca acaso,
pues leer es tan solo media cara.

Escribir es deber de quien comprende,
mostrar lo descubierto entre las letras:
las ideas que brotan del asombro,
imaginación, lengua del invisible.

Así yo, como el venerable ciego,
sé que quien lee charla con lo eterno,
y es de poetas el leer y el verbo,
allí el espiral del tiempo se revela.

Lo supe en Madrás, cuando su gran cielo
me abrió del Edén sus dulces puertas.
El saber, el más justo galardón
para quien desde joven lo cazaba.

Buscamos en la lectura el consuelo,
la sabiduría, el camino, el bien,
la luz, la paz, el pensamiento claro,
ángeles que nos llevan hacia Dios.

Comprometido con Hamlet

Ayer releí Hamlet mientras el tren partía
de regreso a mi casa, dejando atrás el día.
Venía de New York, con la mente encendida
y la duda de Hamlet mordiendo mi partida.

Así como Alonso Quijano en su locura,
Hamlet sufre al mirar tanta bajeza impura.
Por la intriga y el vicio su razón se quebranta;
Horacio y Marcelo le comunican un prodigio.

Lo apoyan por favor, por rango, en su sospecha,
igual que los soldados leales a sus jefes.
Y todos aún recuerdan la noche estremecida
en que Hamlet padre quebró su último grito.

Laertes se marchó por envidiar al heredero,
asumiendo que su eclipse no era resultado
De escasas lecturas, sino de parcos ingresos
La franqueza optimista de Hamlet le ofendía.

Tal vez Hamlet amase a Ofelia, pero su linaje
Desprecia al plebeyo que su corona ambicione,
Y a la amada que entre más inocente sea
más ignora los dones que Hamlet le entrega

La contrató, la amó y la despreció,
si en apariencia, en su ánima pecó.
Ofelia se marchita por ese amor mancillado,
y Hamlet lo acentúa asesinando a su padre.

Claudio, rey por traición, en remordimiento
convive con el crimen que le cedió el trono
Amó a la antigua reina con pasión obstinada,
y al cabo prefiere envenenarse en su jornada.

El padre de Hamlet fue un magnate
que supo explotar del tercer mundo sus recursos
En su culpa adoptó a un colombiano
A quien confía tras la muerte su venganza.

Desde el infierno, arrastra a su hijo a la condena,
O quizás sea un actor el que lo asume
Conté mi interpretación a mi enamorada,
comprometiendo mi futuro en Shakespeare

"Hamlet es una Aldea" cavilé, "como lo soy yo".
No se me escuchó, por treinta años
entregaría mis sueños a esta fábula
La de un aldeano tercermundista
que descifró los conflictos del mundo

Así fui Hamlet

Con préstamos que el banco me otorgó,
y en contra de la voz de mis maestros,
encarné el rol que todo actor desea,
rompiendo tantos prejuicios ancestrales.

Moreno, suramericano y tenaz,
fui Hamlet con acento forastero,
adoptado por una corporación,
como Kane, poeta asaz sincero.

No solo modernicé a Shakespeare,
también traduje su verbo y su franqueza,
como haría luego Lin-Manuel al dar
su voz a Hamilton, latino redimido.

Mostré en mi Hamlet Norte contra Sur,
la pugna sin descanso entre dos mundos,
las venas abiertas de América Latina
por la que tantos emigran endeudados

Y lo presenté en Filadelfia y Cannes
donde lo censuraron intrigantes cineastas.
Y tras ellos los poderes del mundo,
por sus representadas desigualdades

Te invito a verlo: está en las redes, sí,
mas hallarlo no te será tarea breve.
Un inglés de apellido avícola me dijo
que Shakespeare no quiso ser universal.

"¡Hay polacos que osan representarlo!",
gritó antes de rechazar mi proyecto
en la Universidad de Temple, Filadelfia
Hamlet de América, tres versiones hay.

"Lo hizo un extranjero", se murmura
en Londres, con esnobismo y recelo.
Y Gertrudis, mi actriz, con entrañable voz,
me dice que en Los Ángeles se maravillan:

"¿Quién logra tanto, sin tener papeles?",
preguntan cuando escuchan su relato.
Pero yo fui Hamlet, y así moriré:
Apóstol del teatro que es la vida.

La Balada de Don Flavio

Esta es la balada de Don Flavio,
que en su palabra siempre confiaba.
Creyó en seguros y en su promesa,
mas hoy su historia nos da certeza.

Corrían los años de los noventa,
y a sus cincuenta, con gran conciencia,
un vendedor llegó a su puerta,
ofreciéndole un gran esquema.

Colseguros era la empresa entonces,
y aseguraba con voz sincera
que si a los ochenta él llegaba,
una suma le esperaba:

Mil trescientos cincuenta millones,
que en dólares son trescientos treinta mil.
Con tres cheques pagó la póliza,
y su retiro dejó a su custodia.

Oh, Don Flavio, te engañaron,
con promesas te estafaron.
Sacos finos, gran descaro,
con tu lucha has despertado.

Colseguros fue vendida a Allianz,
empresa alemana de gran prestancia,
que aseguraba asumir deudas,
pactos y garantías con gran fiereza.

"Tanto mejor", le dijo a su esposa,
"es una firma de gran confianza."
Mas al pedir su justa pensión,
le respondieron con una traición:

"Solo dos millones te daremos,
pues nuestras ganancias han sido menos."
Aquel engaño, vil y rastrero,
le hizo buscar un abogado experto.

Marino Pérez fue el letrado escogido,
y ante la Superintendencia demandaron.
Tras largo año de dura batalla,
seis millones fue lo otorgado.

Flavio en su alma se vio indignado,
pues Allianz tenía amigos bien ubicados
dentro de aquella institución
que dizque cuida del consumidor.

El fallo era un juego pactado,
y en audiencia virtual se hallaba.
Don Flavio al Tribunal dijo que apelaba,
mas su abogado, de forma extraña,
decidió irse cuando ya apelaban,
dejó la causa y se esfumó.

Por ley, dijo el sospechoso abogado,
él debía presentar la acción.
Lo hizo y luego desapareció,
y Don Flavio contrató otro letrado.

El año nuevo ya transcurría,

y un nuevo abogado lo asistía.
Mas el Tribunal en su respuesta
dijo que el caso no procedía:

"Tu apelación no es admitida,
pues el abogado que la puso se ha ido.
Su error fue pedirle a él que la hiciera."
Y como el plazo ya había pasado,
todo el derecho fue anulado.

La justicia se tornó un negocio,
y el tribunal cerró los ojos.
Las leyes son juego de ladrones,
con tratos sucios y corrupciones.

Don Flavio presentó tutela,
mas la negaron, y dos años más le sumaron.
Ya no era un hombre de ochenta justos,
la ley lo hallaba sin sus recursos.

Al conocer esta balada, Allianz
Presurosa le dio seis millones,
Una décima del seguro comprado
Y de su obligación ni un solo peso.

La Eternidad es tu Conciencia

Pero no le pregunté por la otra vida

Derek Walcott

Vida

De nuevo nuestro viaje no tiene fin
Nuestras provisiones se agotaron
Las noches de insomnio nos enferman
Siento la escarcha gangrenando mis manos

Sin embargo, una vez creíste en mí
En la isla que prometí a nuestros hijos
Ahora, ante estas olas furiosas
Solo los arrecifes resuenan en nuestros oídos

Superamos muchos abismos,
Sufrimos colisiones y un incendio
Pantanos muertos, el acantilado más alto
La tierra parecía tan pequeña debajo

Ahora, entonces, ve a tomar ese barco de carga.
Te llevará suavemente a tu puerto
A sotavento vadeo mi canoa; he aquí
El final de mi viaje parecía tan cerca.

Este mar no es más que un estanque impetuoso
De remolinos, titanes y tormentas
Llegaré, mi amor, para recobrarte de vuelta
O si muero, pacientemente esperaré por ti

En pie

Estar es resistir, seguir en pie sin tregua,
más noble que marcharse en busca de otra entrega,
quedarse en la herida que jamás se sella,
sin gozo, sin amigos, sin placer, sin estrella.

Creer en la verdad requiere alma fuerte,
la mentira es del vil que trafica con muerte.
La justicia es del cielo, su fulgor no mengua,
mas la impunidad es del asesino que se jacta.

Aún nace la vida donde no hay consuelo,
sobrevive en sombra, sin fe ni modelo.
La belleza arde en la noche más cerrada
sin temer al albor o a la final jornada.

En calles sin nombre y en ríos sin canto,
compartimos el pan con un león sin manto,
los llantos lejanos de los niños rotos,
son del cuidado quien cuida a sus devotos.

Creer en Dios es heredad del verdadero,
su presencia es la bondad y la esperanza,
no creer es desesperarse, entristecerse,
gemir por la miseria de los desconocidos

La vida es más valiente que el negro abismo,
se alza más allá de la inevitable muerte.
Permanecer de pie —tras caer, herido—
es esperanza, paz, todo sueño redimido

Sibila

Cierta tarde un pariente de mi esposa,
a quien le predecirían nuestra separación,
aquella tarde por mí escrita en el libro de la vida
compartió conmigo su pasión por la espiritualidad

Estábamos perdidos en el este de Roma
y nos ofreció una consulta en una casa floreciente.
Esta es la Sibila de Cumas, dijo,
quien ve a través de tus secretos y tu pasado

Esperamos en una habitación estrecha de lilas secas
donde yacía un volumen de Orígenes
sobre el ascenso y caída de los ángeles en Caná,
y estaba escrito en la lengua de los muertos

Ella leyó nuestras líneas, según los orbes:
amantes pasados, enemigos y ciudades
llegaron a su mente como copos de nieve
y la promesa secreta de nuestro hogar.

Pero entonces su semblante oscuro palideció.
"Fuiste enviado de vuelta de las columnas
de los muertos, dijo, para sufrir traición y engaño,
y mueres por volver a Arcadia, donde el bien ordena."

Luna sin sangre

Esta casa fue mía, yo la erguí,
con confiadas manos la construí.
Al zorro y al faisán en alabanza
y a las ardillas mis alimentos ofrecí.

Mira ahora mi partida, su desdén:
la culpa ya no cae sobre mí.
El anciano racista ha logrado su fin,
expulsarnos con intrigas del Edén.

"Tienes la luna oculta", dijo un día
una maga viendo de mi ser sus hilos.
"Poeta serás, dueño de tantos exilios
como de siglos en solitaria alegría.

Negarán tu obra inmensa por lustros,
ni el fuego de tu verbo ni tu canto,
te menospreciarán por tu encanto
eclipse reflejado en tu cutis fatal."

Saludé a mis vecinos ingleses,
pero sus puños eran ya ceniza.
Prejuicios tan antiguos, sin justicia,
los despojaron de su voz, sus almas.

Recibí de ellos lo que no merezco:
piedras que lanzaron del camino.
Y aun así, con un gesto tan divino,
les sonreí antes de irme sin pretexto.

¡Oh, luna que sangra y baña las estrellas!
Un zorro da la muerte al faisán mudo,
siento su grito—un eco ya desnudo—
que es más que el mío: son almas en pena.

Pensé que hasta los cuarenta podría
esperar por los cines, los teatros,
como Shaw, con paciencia en los tablados
de sueños que la fe me concedía.

Mas a los cuarenta y tres fui hallado
no por el mundo, sino por lo eterno.
Dios se acercó a mi fuego casi externo
y ardí en su llama, fiel, transfigurado.

Adiós que enturbia el ojo del profeta,
de este jardín sin voz brota un lamento.
Rescátame, Señor, de mi tormento.
Luna sin sangre, haz que el alma apriete.

A tu fulgor, el huerto ha de volver.
Otro jardín nacerá de este hastío,
y será más que sombra o desvarío:
será la flor que nadie quiso ver.

"Será como un tsunami tu verdad,
y el mundo entero leerá tu canto.
Pues en ellas mis verdades te he entregada,
las que los fariseos por siglos ocultaron."

La eternidad es tu conciencia

De niño, me lancé ajeno al mundo
desde una camioneta a unos arbustos;
así fui como Solín, pupilo adjunto
de Kalimán, paladín de los justos

Jamás sentí dolor, fue una visión:
convulsioné, inerte, en la cuneta,
y el chofer, al ver mi alma tan lejana
corrió a llevarme hacia mi madre.

Y justo antes de entrar, todo giró,
el mundo sin su eje me envolvía.
Por seis semanas sufrí el vértigo
de un cuerpo que en cama revivía.

Ir al baño era cruzar un vendaval,
todo era abismo, vómito, mareo;
al ser dado de alta, era un faquir,
tan débil que hasta el aire hería.

Hoy pienso en ese calvario recobrado,
y siento que ese don, el equilibrio,
de caminar sin vértigo o delirio,
es cielo cotidiano, ¡es lo sagrado!

¿Por qué tan pocos agradecen el milagro
de estar de pie, andar sin dar un vuelco?
Es don común: del ave al escarabajo
nos une el don sacro de crear un suelo.

La vida es puente frágil sin baranda,
la niebla y el deseo nos asedian,
estrechos se presentan, y proceden
los hombres a empujarse por la banda.

Los zahiere la codicia con su canto,
la discordia en palabras que hacen grieta,
la falta de perdón los esclaviza
náusea que ennegrece su regazo.

Sufren repetidas vigilias de desprecio,
Fraguan venganzas por desavenencias
sin escatimar sus daños ni su precio
sus almas perdidas en falsas creencias

¡Oh, Señor! Si de tu clemencia aprendieran,
que la eternidad es su conciencia?
¿Qué les faltaría para ser eternos?
¿Leer a quien ha vuelto de los muertos?

Libros

Semillas de los cielos, luz secreta,
camino a la belleza que se insinúa,
aliento de gorrión, leve silueta
que en riscos despejados se acentúa.

En ti se desvanecen los imperios,
tras vallas y veredas lentamente avanzo.
Las torres caen por tus ministerios,
y en tus castillos el arquetipo de la rosa.

Medro atemporal de tardes inmortales,
De amigos que en los mares se perdieron,
brisa que nutre de imaginación el pensamiento,
horno en que arden los que ya partieron.

Aurora y crepúsculo, clamor callado,
levadura de gozos y pesares,
en medio de un pasillo desgastado
haces flotar la espera entre tus mares.

El cielo en mi interior vibra y se llena,
sostienes cada risa y cada herida.
Cómplices capitanes en mares de tinta,
ablución de la espina inadvertida.

He limpiado mis vidrios en tu esmero,
ojos que en luna llena se detienen.
Mujeres y varones con sendero
Inmortales en una tierra que los niega.

La Inmortalidad

Nos dicen, ya sin siquiera citar a Kant,
que la inmortalidad y Dios son palabras
que no puedo probar, que no puedo negar.
Pero las palabras son mapas de tesoros

Ellas nos revelan sentimientos, lo humano
que me hace igual que a Sócrates y a ti
Hijo de Dios y hermano de Cristo y Lucifer.
¿No te percatas que al emocionarte nos unimos?

La pérdida del principio de individuación
es propia del drama, que el ego disuelve
por eso amamos tanto el cine y la lectura.
Allí somos dioses, somos sentimientos

Tu imaginación es la llave que descifra
ideas como Dios, el alma, el universo
pues la imaginación es el sentir representado,
lo que Freud no pudo desentrañar del sueño

En la herida, la risa, el dolor, el desamor
habitas; no en tu dinero, sino en tu sentir,
lo que te permite ser igual a todos los demás;
no elegimos una ideología, sino un sentimiento ser

Esperanza de este fango que cuidamos,
sinfonía de conmociones suscitadas
éxtasis eterno en que ansiamos habitar
la plenitud del Ser, nuestra unidad en Dios

Londres, Dido, Cartago

A través de los mares árticos congelados
una tempestad despiadada agitó nuestro navío.
Encallamos en la ciudad moderna de Cartago
Londres, donde Dido hechiza a sus esclavos

No dirás que no fue tu elección.
¡Cuánto te rogué que viajases a París!
Pero el egoísmo era tu pendón
"Sois estúpidos", me diría luego una vikinga

Nuestras comunidades nos increparon
a medida que nuestra perspectivas
se hundían tenuemente
¡Fracasaste siendo millonario!

Copos de nieve abrazaron tu cabello
como hadas, y el halo brillante
sobre ti, el que yo tanto adoraba,
espantaste negándome tu regazo

Himnos domaban la frialdad del viento
y aunque rezábamos rapsodias de amor
tu frialdad me llevó a comerciar con extraños
te lo hice saber y me injuriaste

Las noches se fueron tranquilamente
y los espías del gobierno acecharon,
temerosos de mis inocentes escritos.
"Proclama verdades, hay que destruirlo"

Nuestro consuelo: los rostizados de domingo,
la luna de Leicester, el péndulo del sol,
restaurantes chinos de menús abaratados.
Dos almas rechazando vicio en Babilonia

Solitarios y extraños en tierra ajena
aprendimos a cohabitar en silencio con espectros;
por cinco años prolongamos ese ensueño,
el de ser extranjeros en el mundo que habitamos.

Lot

*El que explota solamente las fuerzas físicas y las
pasiones rudas tendrá por bisnieto un bárbaro.*

José María Vergara y Vergara

De niño oí decir que en su interior
el injusto no duerme sin temor.
Y yo, sin miedo conllevo mi dolor,
como solo un creyente sabe hacer

Soporto las tentaciones de las noches
que susurran venganzas y reproches.
Yo, que crucé del placer sus suelos,
víctima fui de todos sus anzuelos

Es viernes ya, y el sábado despunta
sin que extrañe ya a los júbilos del alba.
Mis longas conversaciones con ebrios
que decían ser de todos los más sobrios.

Seis años en Sodoma resistimos,
con tiburones y sierpes convivimos.
Nutrimos la intriga y sus abismos,
y al fraude y a la trampa resistimos.

Valle escondido en rosas y laureles
renovado con voces nuevas, disidentes.
Altivos fueron al cabo mis rechazos,
ánima que resistió a ríos candentes.

Sin oráculos se vanaglorian de mi
condescendencia. Mi esposa decía
que con ellos fui laxo: yo, que el placer
como todo lo dulce, empalagaba

Te agradezco, Señor, por entregarme
a todo el fango del mundo, a pecadores,
ante quienes clamé Yahveh, mi roca; a ti,
quien solo por nuestro corazón nos juzga

Y no rechacé sus pócimas y supercherías
sin dogma ni cincel fui tu promesa,
demostrando que no hay santo sin pasado
solitario, a la manera de Abraham.

Walter Benjamin

Ese fue su final tras el final, señora,
saltó la cerca, pues ya no había aurora.
De una llama a otra fue su demora,
en cerro ajeno vio escapar su honra.

El horizonte era un abismo oscuro,
y a sus espaldas la Europa de cianuro.
Si Hitler o Stalin lo hubieran leído,
sus almas habrían compartido su bohío

Angustia fue su pan, y su Alemania
tierra que insistió en llamarle extranjero.
Ni patria ni nación su primavera,
solo el vacío al borde de la espera.

Entre iluminaciones que aún asombran
dejó su osamenta a los inclementes arios
ni los egipcios ni los clérigos cautivos,
habrían rechazado sus brazos esquivos.

Sus piernas arrastró por el abismo
trocando la vergüenza y su quimera.
España tampoco sería la frontera
de quien creyó en la palabra socialismo

En 1939 dos dogmas crueles
desgarraron de los obreros sus laureles.
Bolcheviques y nazis, hidra comunista
ruso imperialista, alemán nacionalista.

Si hubiera pisado el capitalista suelo,
sus sueños hallarían el consuelo.
Que Brecht y Mann tuvieron sin anhelo,
Pero la dialéctica histórica fue su velo

Y si un año más hubieran resistido,
Su pasado lo hubiera redimido.
Pero en su honestidad se vio vencido:
Y como un corderito murió por su creencia.

Limas de Sicilia

No hay melodía desde que se fue
solo un eco de nombres extranjeros.
La llevé por lenguas y naciones
y olvidó a quien le diera su confianza.

Cedí por ella mis cursos de idiomas:
El portugués, alemán, ruso, español,
todos los cancelé con mi trabajo
estoico agoté todos mis ingresos

Cruzó la voz, la puerta, la frontera,
y al hallar empleo en la lejana Suiza,
me olvidó como al rol de Pirandello,
aquel hombre obeso y trabajador

quien todo lo entregó por su manutención.
Se quedó sin voz, sin cargo, sin jornada,
llorando sus limas de Sicilia, aquellas
que antes de su adiós tanto le agradaran.

De las cenizas nuestras

Mientras el tiempo lúgubre se vierte
en la vasija gris de mi presente,
las esperanzas de tu amor ausente
perfuman lo que el porvenir advierte.

Detrás quedaron tumbas y palacios,
piedras sin nombre, torres sin abrigo.
Y sueño con un hombre, tu enemigo,
que dice: "Ya no habita en tus espacios".

Quiero hablar, replicar, buscar tus huellas,
mas él repite con brutal certeza:
"Ya no hay razón, ya no hay naturaleza…
ella me dio sus labios, sus estelas".

Y oigo tu voz en la de aquel testigo,
¿acaso no hallas fuerza en la garganta?
¿Suplicas que él me diga lo que temes?
¿Te amordazó el amor que fue conmigo?

Salarios como cebo a la desgracia
no rompen este otoño interminable.
Ni el tiempo gris ni el oro negociable
quiebran mi alma de quietud y audacia.

Nuestras bocas pasaron la estación
como raíces secas bajo el hielo,
y ahora, sin vigor, bajo este cielo,
mis miembros duermen sin prisión.

Pero la ardiente llama que no muere,
dulce pasión, oh savia del planeta,
hace al mundo brillar, y lo interpreta
verde en su voz, y eterno en lo que hiere.

Por la espesura de mi blanda piel,
por la espesura del follaje umbrío,
las hojas hablan, canta el claro río,
y el mundo se abre sin vejez.

Un beso aéreo llama a la alborada,
Para que vuelvan lluvias de dulzura.
Con un suspiro de sal y de ternura
nace una selva nueva, inesperada.

Y que en sus hojas, líquidas, fecundas,
Valles renacen de las cenizas nuestras:
Amazona de amor, tierna y humana,
surgiendo del dolor que me dejaste.

Miembros de la clase media

Trabajamos, miembros de la clase media,
paseábamos callados, invisibles.
Sombras que cruzaban, mano entrelazada
en calles sin voz ni patria ni cadena.

Londres se nos ofrecía tan incierta,
y su mirada, por temor, entrecerrada.
Su meretriz rechacé como emboscada,
por nuestro porvenir, en ti ya muerta.

Anduve por senderos de fortuna,
rechazado del amor en sus umbrales.
Puentes estrechos, París sin señales,
entre su multitud bajo la triste luna.

¿Por qué jamás pudimos hacer nido,
ser una sola emoción, un mismo canto?
¿Por qué tan diferente en tu adiós fuiste?
¿Amabas acaso en mí lo prohibido?

Y aun así te recuerdo en idílicos conciertos;
nuestras mentes eran emoción en armonía:
en el Albert Hall, Brahms nos entregaba
su réquiem alemán, presagio de lo nuestro.

Tus dedos, mi temblor en Besanzón,
fríos como los inviernos con tus padres.
Pero algo de tu aliento sobrevive
en los recuerdos de funciones teatrales.

En Leicester Square, a la luz del Metro,
compartimos con Shaw toda Inglaterra.
"Nunca se sabe" fue el consuelo
de Londres anticipando nuestro adiós

Vestimos los instantes de promesas,
pacientes como una luz en la neblina.
Bajo un cielo más allá del paraíso
fraguamos tantos recuerdos incesantes.

De Dido y de Cartago

Me preguntas por ella, y no respondo.
Decirte que no lo sé me desconsuela.
Prefiero hablarte de Dido y de Cartago,
a quien Eneas dejó por grandes sueños.

Ese fue su consuelo: repetirme
que así mi voz sería como Homero,
y el mundo cantaría mi tormento,
mi aflicción convertida en epopeya.

¿Te importa entonces otro amor truncado?
El nuestro fue tan feliz como desventurado.
Yo tan honrado, tan noble, tan ingenuo,
no por ignorancia, sino por amor puro.

A cada ocaso su rostro me asombraba,
pero ella, impaciente, me decía
que esas luces eran invariablemente las mismas.
Y buscando nuevas me dejó postrado.

No hay metáfora entre el sol y mi vacío.
Aunque cercanos, los viejos paseos
por ciudades conquistadas y caminos
conserven los besos más hermosos.

Constante admiración nos consolaba,
más fuerte que el hábito o el hastío,
los viajes que mis escritos alcanzaban
Asia y Europa a mi dama coronaban

Al final de cada cual queda el recuerdo
Besos junto al mar, bajo las nubes.
Las aguas reflejando esos ocasos,
Y el amor, mito que eterniza lo vivido.

Don Quijote

Nuestro efecto es un vínculo invisible,
como la tierra: vasto, sensitivo.
Mas tiene sus días frágiles, y fecundo
herido por lo inmenso y por lo esquivo.

Pasión sin tregua, amor que no despide,
ternura fiera, celos reprimidos.
Un lazo que se forma y que persiste
el precio de los sueños compartidos.

Soy caballero antiguo, ya sin dama,
mi escudo roto yace entre las piedras.
Mi honor, en poemas fundido, gime en tanto
oculten mi blasón duendes y hechiceras.

¡Oh universo! ¡Escucha mis lamentos!
Mi voz no es olvido, es luz para los ciegos.
De todo lo perdido, te entrego mi ternura
es lo que aún en mi alma más persiste.

Y si no oyes la música reiterativa
porque en mis versos a Dios alabo,
no juzgues mi derrota ni mi espera,
sino el arpa que sin desfallecer os tañe.

En mí no hay falsedad ni melodrama,
Ni compromiso con tiranos y mentiras
hay verdad en cada letra, en mi arte
bello testamento de lo que he vivido

95

Clemencia

Hemos navegado en un mismo mar,
anclado en las islas del desconsuelo.
Nos veíamos pasar como reflejos,
y tu cabello dulce me llamaba.

Tus ojos de matices imposibles,
tu mano tan distante como el alba.
Eras, como mis padres, derrocada,
una dama sin tierras ni castillo.

Y yo, príncipe solo, sin escudo,
¿cómo fundar un reino entre ruinas?
Trabajé por tu paz como un obrero,
jefe de comerciantes sin gloria ni fortuna.

¿Recuerdas los horarios que cumplía?
Mi sueldo se esfumaba entre dos noches
que al alba nos dejaron más sedientos.
¡Cuánto intentamos ser lo que soñamos!

Al fin zarpé, y tú quedaste herida,
tan bella en esa playa de levante.
¡Cuánto te amé en silencio y sin medida!
Mas cuando regresé, tú ya no estabas.

Otros juglares cantaban para ti.
Te veo tan dichosa, tan lejana.
Felicidad que vino y se me fue,
como tantas que la vida nos entrega.

Presencia que me vence

"Buenos días", me dices, y recaigo
ebrio de tu compañía, sin otras palabras
Presencia que me vence: mi arraigo,
temblor del amor que me estremece

Te entrego lo mejor que he sido
Mi abrigo que hace de tu invierno breve,
mis sonrisas, cura de tu agobio
verdor del bosque que sembramos

Una vez comprendas esta alma mía,
mis castillos verás en su esplendor,
y árboles en flor, desfiladeros, ríos
verás en mis acusados desvaríos

Cuando tras baños en mi espuma,
tu rostro, exhausto, me contemple
seremos una sola alma entre la bruma
ángel que extiende sus alas al orbe

Parpadeantes han sido tus entregas
bajo esa luz neón que tanto te lastima.
Cruza la puerta —consume tu destino—
que mi esperanza sea la de ambos

Teme, como yo, el colapso de lo libre,
mas no temas jamás de que te adoro:
la dulce materia de mi amor sincero,
es la miel que destilo de lo diario.

La atarraya de mi enamoramiento

Si eres tan cortés, amor de mi alma,
¿puede el silencio solo hacer justicia
a estos golpes sórdidos que me talan?
Enséñame a aceptar tu cruel caricia.

Que el desdén, si lo instruyes, sea leve,
y pase como un viento entre los muros.
¿Amortigua el amor lo que conmueve
en Bucaramanga, Saône o los oscuros

rincones de Filadelfia y sus recodos?
Sin nuestra luz, la piel pierde textura,
y aún susurra que envidias y extrañas
el misterio: mi insistencia y su ternura.

Si como un niño vuelvo a tu morada,
baja los ojos, tiembla con la herida.
Tendrás temor de verte ya atrapada
por la atarraya de mi enamoramiento

Del mundo resguardados

Esta corriente viva que me habita
aún depende de ti, de tu memoria.
Si hay una frase en mí que te zahiera,
puedo borrarla o corregir su historia.

Mi bienestar tambalea con tu quebranto,
mi paz está en tu bienestar y tu ternura.
Tu furia es un gemido que recojo
alma que sangra en tu amargura.

Podría regresar a lo pasado,
cazando aves sobre nuestra laguna
Mas tu dolor me pide estar en casa,
y hallo en ese ruego el fin de mi jornada.

Por ti asumo los gestos más valientes:
El parto de tu hijo, si pospuesto;
las tardes, resguardados en aquel sofá
bajo la lluvia, viendo series de la BBC

de héroes y heroínas que seremos,
por tres días tú y yo fuimos el mismo,
entre sábanas y consentimientos,
felices juntos del mundo resguardados.

Recogiendo las moronas de su entrega

Envuelta va en blancura su figura
que oscila con la brisa que acaricia.
Y prosigue al compás de mis ensueños,
Descendiendo del cielo de las hadas.

La observo de espaldas, y repito:
las mujeres, desde Eva, son desvelo,
desde Pandora es tanta su hermosura,
son candor y su desprecio es la congoja.

¿No es beso que se niega una ofensa
para quien ama firme a su esposa,
y aún delira en nocturnas llamaradas
cuando en sus brazos ella se rendía?

¡Qué triste es el amor para un poeta,
que sin ser pobre, vive sin fortuna!
Solo cuando un trabajo lucrativo
me ofrecieron ella ardió en caricias.

Pero al final, negado y ya vencido,
su frialdad abrió esa vieja herida.
Y solo hube de regresar a esos abrazos,
Recogiendo las moronas de su entrega

Dejad que hoy en su letargo sea solo mía

Esos rayos, tan reverendos y fuertes
¿Por qué deberías pensarlos?
Puedo eclipsarlos y nublarlos con un guiño

Donne

Detén tu círculo, incesante cielo,
sostén el sol más allá de la tarde,
sobre este campo enfermo de los días
inmoviliza tus estrellas y la luna.

Detén las aguas, borra la tormenta
de los futuros días de dolor.
Procrastina esa cita inevitable,
que hoy mi amada duerme entre mis brazos.

Volvió por fin, tan dulce y silenciosa,
tras dos inviernos de cruenta ausencia.
Y por unos días, solo unos días,
renace nuestro hogar de sus cenizas.

Esos rayos, tan dolorosos e injustos
¿por qué deberías pensarlos siquiera?
Puedo eclipsarlos con solo un guiño,
nublarlos con un parpadeo de mis ojos

Detén tu círculo, cielos eternos, os lo ruego.
Que tú y yo ya lo sabemos, así dormida,
dejad que hoy en su letargo sea solo mía,

101

tan hermosa, tan lejana, aún esposa mía.

Una sola noche entre tantas ahogadas,
mas si el número miente y me equivoco,
devolvednos, oh Dios, este infinito tras la muerte,
o prolongad este idilio que ya sabemos pasajero.

¿De dónde vienes, papá?

¿De dónde vienes, papá?
Jamás me has revelado tus secretos;

Antes me abrazabas en el aire
para que no cayese quebrado sobre el polvo;

Antes te abrazaba temeroso
de resbalar inerme desde las ruedas mecánicas:
la ciudad era oscura, vacilante y producía vértigo;

Tus brazos poderosos me recogían
prestos de entre el polvo,
cuando ya nadie más me defendía:
Los gamines me herían con sus golpes.

Lejos, siempre lejos, esos brazos escaparon
abandonándome a merced de estas corrientes.

Culpo a los años que te debilitan;
culpo a esta, mi fortaleza, que poseo y no deseo

De "Colombia Corrupta", Londres, 2004

A un amigo confundido

A ti, querido amigo, hoy me dirijo
para aclararte aquello que nos quiebra,
pues sé que desde aquella nefasta tarde
una lágrima tuya me tilda indigno.

Sabes que lo que hicimos fue portento:
en Bucaramanga dimos funciones,
y con nuestra pasión por el teatro
hicimos de aquel año otra función.

Preparamos a los miembros del elenco,
viajamos, compartimos aplausos;
nunca negué al actor lo acordado,
ni fui de los que vengan sus ofensas.

Mas un reloj robado en una casa
puso en tela de juicio el hospedaje.
Mi madre, con pertinente cautela,
pidió que ya no diera más posada.

Dijo que al ver la herencia de mis padres,
alguno con envidia actuar podría.
Dudé, sufrí, callé lo que sentía,
pues no quería herirlos ni agraviarlos.

Recuerdo a la actriz de La Lección,
que representó a la sirvienta sin enjundia.
Le di pasajes por caridad,
y devolvió mi gesto con sevicia.

Intrigó contra mí con cizaña,
pidió un árbol de poliestireno para Godot.
Discutí con mi madre, pues ella
era de la escuela representativa.

Llamé a la actriz y le expliqué que Brook
era mi escuela, y que por su reciente
vinculación al grupo la excusaba,
que no me indispusiera con mi madre.

Entonces prolongamos temporada
y te elegí entre tres que se quedaran,
Cuando mi madre mencionó el hurto
Si dudan de él, revísenlo, dije

Ya sabes bien que nunca dudé de ti,
mas aquella actriz vengativa,
fue a inocular a tu oído su veneno:
que yo te llamé ladrón, fue su aguijón.

Jamás aceptaste mi explicación.
Te hundiste en tu sentimiento lastimero
el de ser traicionado por el mismo
que te dio empleo en la Javeriana

Mas hoy, por voluntad del Creador
que a todos los justos protege
te confirmo que jamás dudé
de tu honor como tú del mío

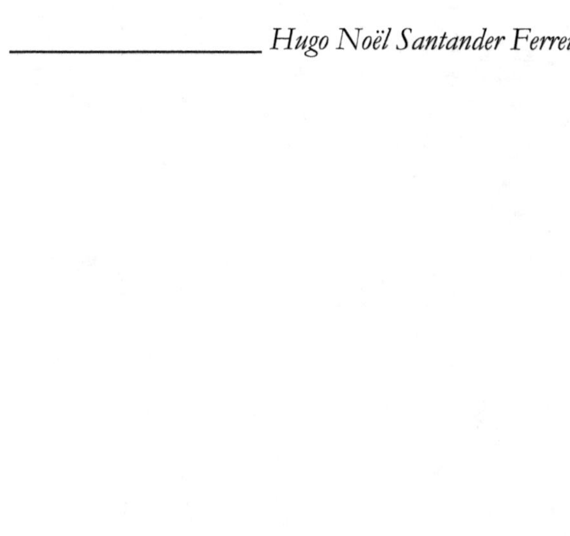
América de Norte a Sur

¿Estás pálida por el cansancio
De escalar el cielo y observar la tierra?

P. B. Shelley

Prefacio

Con el cielo fundido en la arena,
donde rugen las olas, exhaustas del mar,
su osamenta lacera; el sol suele abrasar,
y la sal de su cuerpo a su herida encadena.

Unidos en vano, rasgando el recelo,
beso lento y tibio, la vida que vuelve,
grito que esclaviza la carne que arde,
dioses diminutos del pecho renacen.

Birrete en el viento, el mundo, un intento,
silencio que hiende, rumbo sin destino,
la luz que regresa, vida que súplica,
el pecho en el clímax, sin nombre ni tiempo.

Dos sendas opuestas, los sueños extintos,
boda que se quiebra, el cuerpo vencido,
la carne que sangra, muñón del olvido,
un "nosotros" que muere en amores distintos.

Un rayo en la mente, el ser que se inventa,
dos cuerpos que enlazan sin prisa el azar
un labio sediento que encuentra su hogar,
el mundo es palabra, ilusión y tragedia.

La risa agotada, mi lenta congoja
como bruma se expande, desierta al pasar,
soy fulgor de sombra, y volveré a amar,
sorprendiendo a mi aliento con su libertad.

Grandes Hombres

Los grandes hombres hallan su consuelo
en días severos de pago aplazado,
sufren el lodo con nobleza pura,
oprimidos por deudas y desprecios.

Heraldos son de dioses omnipotentes,
curan heridas con pañuelos blancos,
ofrecen su carne, acallan pensamientos,
se jactan de gozo en su miseria.

Voces divinas, alientos etéreos,
nutridos de sangre y maldición materna,
los grandes hombres son simplemente justos,
su honestidad ofende la vanidad o la moda.

Esclavos y amos de los arrogantes,
defienden sus actos con mano fuerte,
sanan, con troncos y trozos de piedra,
la náusea de un siglo tembloroso.

Ejemplos vivos de un pasado glorioso,
desprecian la ruina con noble orgullo,
aman con escándalo a toda alma,
consuelan sin que el mundo lo comprenda.

A orillas del Jordán aprendieron a ser,
alba de redención para los justos,
los grandes hombres persisten en su fe,
y en su caída hallan la eternidad.

Retrato de un poeta como un adolescente

> *Miento o me reclino entera*
> *En todo un mundo que no puedo arañar*

Sylvia Plath

A los dieciséis dio su conferencia,
criticó el consumo con voz ardiente,
enalteció el saber, la luz del estudio,
y resaltó de Aquino una brutal certeza.

Santo Tomás habló de la potencia,
el Ser humano puede lograrlo todo
es potencia que el empeño desata,
como él deseaba: en paz universal

Adolescentes lo ovacionaron,
maestros aplaudieron su palabra,
el obispo lo llamó a Bogotá,
un congreso anunciaba su presencia.

Mas su discurso, escrito a mano,
no pudo mecanografiar en limpio,
el canto y el teatro lo distrajeron,
se negó a ser líder en la adolescencia.

La joven que lo despidió en silencio
tomó su lugar, repitió sus preceptos

al cabo fue diputada y congresista,
lo que él ya entonces criticaba

Así mintió o se reclinó en un mundo
que no alcanzó o no quiso arañar
al que Sylvia Plath renunciara también
por un destino trágico y sereno.

Fama

Cegado por la niebla de los altos acantilados,
Consagré una vez mi vida a la fama,
Descifré los secretos de la actuación
Y fui ovacionado por mis representaciones

Dios o el destino intervino a mi favor
Desfigurando mi rostro con una infección
Cicatrices que el mundo repudió
Sin belleza, sin fealdad, sin ánimos de luchar

Me refugié en los libros, los leía uno a uno
¡Cuán feliz fui leyendo las tragedias de Eurípides,
De Shakespeare, de Racine, de Esquilo, de Chejov!
Afuera, en mi nación, los hombres se mataban

Una mentira bélica recién forjada por la paz
Espejismo que mi destino amable negó
Aprendí el arte de leer solo, el más difícil
Viajando como estudiante y docente por el mundo

Huyendo de la fama vencí tantas muertes
Preservándome honesto, rechacé sobornos
No me llamaron honesto, sino cristiano empedernido
Y, sin embargo, era tan frágil como cualquier hombre

Las imágenes sórdidas que vi en las noches
Fueron zanjas en un camino de guijarros
Hacia el pavo real que en mis manos descansó

Los niños de India lloraron mi partida

La tierra que sacudió una costa en California
Amigos que dejé en las ciudades del mundo
El barro que fue mío, mi juventud, mi nombre
Los preservo puros, sin fama, sin deshonestidad

Del amor juvenil

La ciudad se alzaba inacabada
cuando amé sus pupilas negras
Quedó la noche trunca y sin estrellas
cuando ella suspendió mis anhelos.

¡Cuántas veces erré por Bogotá,
la Séptima, doliente y silenciosa,
desde Bella Suiza hasta la Cien,
y luego a la Castellana, undívago.

¡Cuánto lloré el fuego de su ausencia!
Al cabo nos besamos, nos amamos
en un estudio empapelado
con fotos de Billy Joel y Cindy Lauper

Tan popular, tan querida de todos,
En una ciudad de amantes pasajeros
Para quienes el amor era debilidad
y se iba, sutil, con gestos de reproche.

Persistí tentado por gladiolos
y acaso ella también por un instante:
pero enamorados celebramos
uno, dos, tres, diez años que se fueron

Escenificamos una historia del amor
Y la representamos a las masas
Y acariciamos la fama sin alcanzarla

Si hubiéramos descubierto el Dorado

Al cabo sucumbí, ella también
Nuestra juventud fue un bello oasis
que atrajo buscadores de tesoros
belleza que solo bucaneros valoraron

Su amada americana

En plena flor de su fugaz edad,
negando el alma de su propio ayer,
temiendo un porvenir sin rumbo claro,
partió hacia el Norte, lejos de su abrazo.

Allá hallarás lo supremo, le decían,
un auto, una casa, una Barbie de ojos claros
Pero su mente rebasaba lo supremo
para confundirse con el invisible

Los americanos aplaudieron su tesón
en tres meses dominó el idioma inglés
Salvó angostos puentes, cicatrices,
combatió contra demonios en la noche.

Y fue entonces que ella rozó el frío
y se entregó a sus brazos rotos
por damas que ofrecían residencias
felicidad, preludio de sus lágrimas

Sus besos guardan todo lo vivido,
sus promesas, si rotas, vencen el olvido.
Pues los cielos que juntos engendraron
son más que sus ofensas y su olvido.

Nuestros besos nos salvan del rencor

Llevé nuestro idilio por el mundo,
a tierras y semblantes sin afecto.
Mis amigos me creyeron mercenario.
Qué lejos estaban del reino del amor.

Partías a menudo sin despedirte,
predicando que joven eras, y libre.
Decías que el afecto era un capricho,
mas a tu ausencia me ardía el corazón

Verdad, fuiste mía cuando la ciudad
era enterrada en nieve por semanas.
Qué dulces fueron aquellas noches
En que temerosa me abrazabas

Dulces las tardes en los parques
cuando el silencio por fin nos unía.
También me amaste en Navidad
o en Acción de Gracias, por tus padres

Visitaste después a una hechicera,
que te ofreció a Venus o a Midas.
Y tú, ¿tan poco me amabas?
rechazaste el amor por unas monedas.

Al otro día obtuviste un trabajo
que exigía que yo no te siguiera.
Compadecida me llevaste a otra maga
quien enumeró uno a uno tus desaires

¿Qué te aconsejó?, preguntaste
"Me pidió que ya no te amara más"
Respondí quebrando el digno porte
Que tanto cultivara para ti

¿Te conté que todo fue una venganza
de aquella profesora que humillé
Por no leer a Gilles Deleuze? De ambas
Sufrí los celos y la crueldad americana

Aún así nuestros besos nos salvan del rencor
aún los sentirás palpitantes en tu piel

Esclavos de una memoria inagotable

*El propósito no es más que un esclavo de la
memoria,
De nacimiento abrupto, pero de escasa vigencia*

Shakespeare

Nunca podría vivir solo, pensaba.
Creía que entre damas se entendían,
Consortes de una misma voluntad,
cómplices fundidas en lo noble

Mi madre me pedía tu retrato,
Y tú te negaste a ser examinada
Verdad, ni a ti ni a mí nos juzgarían
Por contrariar las modas de lo bello

Tus líneas, tu rostro eran los míos
Sonriendo siempre independientes
si bien alguna vez expresaste algún prejuicio,
y yo otro, siempre nos respetamos

Los despojos de ese amor: tus risas,
tu rebeldía, tomada de mi mano;
acuerdo que causaba desconcierto
entre conformistas de cuello blanco.

Y si esos propósitos son hoy
Esclavos de una memoria inagotable

Fue a causa de la dulzura de ese amor
Abruptamente engendrado, de escasa vigencia.

De una madre a su hijo inmigrante

*Maldita sea la noche cargada de breve placer,
Cuando concebí el desprecio de mi triste marido*

Baudelaire

Mi carne desprecia su propia sangre,
nómada vaga por los viejos caminos,
cantando hazañas llenas de tormento,
falsas historias de tribulación.

Fuiste tú quien decidió amarla
Si no te edifica, ¿qué haces con ella?
Tú mismo ves que corta tus dos alas
para evitar que el mundo te celebre.

Mi artista, ¿cómo esperas sobrevivir?
¿Inspirando compasión por tus penas
Como los mendigos y leprosos
Que enseñan sus llagas en las calles?

Nadie sabe comprender su tragedia
con tanta lucidez como tú lo haces.
Vas por ahí escribiendo sobre riscos
tropezando, renuente a las mayorías.

¿A quién le importa las penas de tu amor
tu rostro, tus innovadores conceptos?
No son tiempos de saber, sino de bagatelas

de voces encantadoras desalmadas

Trabaja duro quien su triunfo espera
Deja de sembrar en tierra yerma
Fuiste mejor educado que ella,
Educado en privaciones y prisiones

¿Compadeces a tu padre o a mí
esclavos de tu concepción!

Cartas de un poeta a su madre

También fui herido por la mar del amor,
incapaz de medir dolor y gracia.
Es cierto, madre, ella quiso ser cruel;
"Cómo ser Calculadora", su manual favorito.

Me ha vuelto lanza contra los poderosos
aquellos que no se atreve a confrontar.
Primero me prohibió llevar mi cámara
al evento al que me habían contratado.

"No seas sirviente de los poderosos", dijo,
mientras perdía mi gran oportunidad
de exhibir mi talento fotográfico.
La amo, pero sus amigas temen que yo brille.

El amor es así, madre querida:
ciego y sumiso, como el corderito
que al matadero va sabiendo su final.
Toda rosa nace con espinas.

¿No oíste de héroes que todo lo perdieron
por vivir las ilusiones de un amor?
Es ella quien abrazo cada día,
Tronco en el naufragio que es la vida.

Yo reescribí mi historia y mi pasado,
borrando toda sombra de tristeza.
Ella requiere que le sirva como esclavo
más allá de las leyes y los jueces.

Su fotografía te niega, pues no es flaca
Y prefiere que la aprecies por su ingenio
Tampoco acepta fotos con sonrisas falsas
que oculten nuestra diaria angustia

América de norte a sur

Tenía la edad de su madre cuando lo engendró
Lo amaba, porque me sentía sola a los veinticuatro,
Mi cuerpo tembló con el toque de sus dedos.
Gato sin uñas, antes que su presa escape

Tantos hombres me habían lastimado
Como tantas mujeres a él, como su madre
El lenguaje abrió una brecha entre los dos
Vacío mutuo que solo los besos sanó

Esperanzas cambiaron al pensarlas
En facultades que despreciaban el amor
Una amiga que lo envidiaba me advertía
Que como inmigrante nos robaría la gloria

Sentí la necesidad de traicionar nuestra unión
Institución que ningún erudito defendiera
Y siguiendo el manual feminista en boga
Lo dejé y fui a dormir en casa de amigos

También lo insté a que conociera amantes
¿No es el sueño de todo joven ser amado?
Yo, mujer frágil del valle de Ohio,
Vi como con otra emigrante europea se marchaba

¿Alguna vez mencioné que nos olvidaríamos?
Me equivoqué, pues todo pasado palpita
Si hubiera sabido que no el egoísmo, sino la lujuria
Era el pecado capital de América del Sur

Debes volver de Norte a Sur

¿Renovarán los robles sus hojas este otoño?
Vuelve mi amor, es el día de Acción de Gracias
Ven a tu América del Norte, sin este ni oeste,
Sin la vista andina de un campo inclinado

¿Por qué me prefieres a una europea?
No soy María Antonieta, ni Juana de Arco
Mujeres caprichosas o delirantes
Soy de las matronas del Mayflower

Llevo en mi sangre lo indómito de Pocahontas
De las matronas que engendraron revolucionarios
Los que conquistaron a indígenas desolladores
Sobre los bravos valles de Nueva Inglaterra

Soy Elizabeth Cady Stanton y Betty Friedan
En otra vida logré el voto, la educación femenina
evidencié que el hogar es para nosotras opresión
¿Por qué renuncias a compartir mi heroísmo?

"Amada mía, no sabes cuánto te adoro
Pero tú misma me alejaste de tus brazos
Enviándome a una vidente que me advirtió
Que las matronas del norte eran dominantes"

Deseas una consorte que apoye tus proyectos
Que viaje por mares nunca antes conocidos
Que alcance las cimas del cielo y la tierra
Y para ello debes volver de Norte a Sur

Memoria de amor

Cuando su amada pasea por las calles,
La luz del sol no amortigua su ardua espera
Y se pregunta si debió desafiar a una matrona
Dueña de una beca de un millón de dólares

Ella supo por tus amigas que yo era contrario al aborto
Y en clase se jactó de haber abortado dos veces
"Gracias a ello triunfé y tengo dos hijas primorosas"
Su documental enaltecía abortos en Nueva Orleans

Un tupido sauce extiende todas sus hojas,
Y el viento, elegante, viene hacia ella
Pero ella se ha ido con tus ilusiones a Luisiana
"¡Llévame contigo!", gemiste inmolando tu dignidad

Pero ese dolor que sentiste es prueba
Del profundo amor que sus pupilas grises
Aún despiertan en ti, así una periodista canadiense
te llame y te invite a que disfrutes de su amor

El verano carece de gracia pues su ser la clama.
Él considera, con pensamientos eufóricos:
sus paseos por las playas de Carolina del Norte
cuando las gaviotas volaban a sus brazos

Hoy vuelan, es el más frío invierno,
como ella vuela a tierras de Luisiana,
Francia que la llama y que tú extrañas
presencia de un amor que es desconsuelo.

Tu silencio

Donde el dolor de un fuego inextinguible
Debe abrazarnos sin esperanza de un final

Milton

Cuando en tardes que el silencio abraza
Al solventar los problemas del trabajo
Y las obligaciones del presente
Tu voz y tu rostro regresan con la brisa

Y nuestro reencuentro ocurre como antaño
Imagen que solicita mi ira o mi clemencia
Ante lo imposible de un abrazo
En ese encuentro renace un viejo sentimiento

El que San Valentín en Filadelfia engendrara
En una esquina adoquinada de Germantown
Ciudad que en sueños me visita y me reclama
Hijo adoptivo que la honró con fotogramas

Sentimiento que aunque yazca sepultado
trae de vuelta a nuestra lasciva primavera,
nuestro verano, la hojarasca del otoño
y la nieve furiosa contra nuestra ventana

Tú y yo, arrancados de la noche
deseando las orillas de los lagos
celebrando una boda sin clérigos
más torrencial que esas aguas, tu silencio.

131

La alegría del amante

Ella dejó nuestro aireado monte
Nuestros unísonos pasos en la nieve,
Un beso, un encantador grito por venir
La fragancia de un amor a los veintidós

Qué irresistible el roce de su vestido
Mis manos sobre sus selvas y paisajes
Su piel alba, sus frutos al viento
Diosa concebida por sueños pretéritos

La vi en el centro de la tierra
Y viajamos hasta Cleveland y San Agustín
Comunión que no ocultó su sacrificio
Ni sus dudas, heridas de ese amor

Vencedor y vencido, cada uno de nosotros
Partió al fin en mil novecientos noventa y seis
Áureo era el sol del trópico que la coronaba
Blanca la zona tórrida que él abandonaba

Así fuimos destino de amor pasajero
Idilio que instruye a amores posteriores
De los goces y las penas entre norte y sur
Sufrimiento común a quienes viven

Días sin lluvia siguieron nuestra partida
Sin nosotros, los hombres y los objetos
Que coloreásemos con filmes independientes
Recuperaron sus grises formas primitivas

Filadelfia

Filadelfia es una ciudad de solitarios
Que en cafés esquivan a extraños
De sociedades secretas que con códigos
se encuentran a la sombra de un cubículo

En los alrededores de mi apartamento
Hay un parque en donde drogadictos
Son esposados por policías en las noches
Es el precio del orden, su anatema

Eso me dicen, pero quienes ya conocemos
Las selvas de piedra que son las ciudades
Sabemos que el anonimato es su atractivo
Caminar sin ser reconocido, sin hablar

Y hoy celebro tu verano, el más hermoso
tan húmedo como el de las selvas tropicales
Más acogedor que el aire seco de Bucaramanga
Aquí los arbustos me abrazan al pasar

Tus lentos atardeceres me acarician
Reteniendo el sol en agonizantes éxtasis
¡Cómo quisiera morir en este valle,
prueba de que todo muerto reflorece!

Belleza suspendida, bálsamo de mi despecho
Sopor que lima miedos y preocupaciones
Consuelo de mis días tristes, amiga mía
Cómo a través del ojo del cielo nos amamos

Adieu

Non ! Vous m'arrachez tout : le laurier et la rose !
Mais il me reste… Mon panache !

Edmond Rostand

Ve, entonces, mi aventurera americana
por los caminos que el oeste promete
¡En California la fiebre del oro te enaltece!
Sé sirena que atrapa a idólatras y conquistadores

¿Tan poco valoraste nuestras solitarias tardes?
Siempre fui feliz en casa contigo, pero tú
Siempre quisiste huir, Cleopatra
Que abandonó a Marco Antonio en su batalla.

No abandonaré lo poco que me queda
Para mendigar más placenteras noches
Seguiré los consejos del viejo Shaw
Y terminaré mi batalla hasta graduarme

Ya las sabias de Delfos me advertían
"Si conquistas un reino, nacerá un imperio
¿Cómo creer que entonces me desterrarías
para no ser sombra de un consorte?

Vuela entonces como el cóndor a la cima,
Pues aunque me hayas arrancado todo,
mis laureles y mis rosas, aún me queda
mi gallardía, mi alma, *mon panache!*

Candelario Obeso

¿Porque me ves la cutis
De la color de la tinta
Acaso crees que es negra
También el alma mía...?

Candelario Obeso

Después que su amada no lo clasificó primero,
secreto a voces, saltando los tejados,
por noches de pasión con una doncella rubia,
la historia de Otelo y Desdémona quedó truncada.

Saga que la alcurnia bogotana jamás ha aceptado.
Fueron ellos quienes lo asesinaron, sí.
No acepto que fue un accidente casero.
¿Conocéis su excelente traducción de Otelo?

Por los prejuicios sociales que hoy son Colombia,
y que para el sabio son puro racismo.
También yo, de nariz respingada y piel oscura,
he sufrido desprecios de quienes me acusan de ser
"negro".

Candelario, salvando tejados en la noche,
dejó fallecer su talento; fue capturado in fraganti.
A Aquileo Parra escribió su romance escandaloso
que en llamas fue consumido por recato.

Candelario experimentó así que la Historia
se equivocaba al darle un rol secundario:
poeta huésped de santafereños anfitriones,
zapatero libre que se inclinaba ante sus amos.

"Secundino el Zapatero" es su obra, ¿comprendes?
No hay casualidades: esa comedia es su lamento,
el de un negro que estudió y soñó ser presidente,
para ser mofa de élites que presumen que la piel es
cofradía.

Predilecto de las musas, hijo del crepúsculo y el alba,
sus versos preservan el caudal del Magdalena.
Bajo una tez oscura latió un corazón en llamas
que trazó amor, vergüenza, esperanza y dolor.

Al fin fue ajusticiado por matar a Desdémona,
si bien ella jamás murió… esa es la farsa
que aún divide a la humanidad en dos:
ya lo cantaría en el siglo veinte Derek Walcott.
¿Porque me ves la cutis del color
de la tinta. Acaso crees que es negra
También el alma mía?, cantó en vano
a su amada Candelario Obeso

Candelario la perdonó, lee "Andes Gótica"
trágico destino de los moros, los poetas
El aire era demasiado angosto, aún lo es
qué angosto para abarcar su afecto, el mío

Racine

C'en est trop : il faut que sa ruine
Me délivre à jamais des fureurs d'Agrippine.
Tant qu'il respirera, je ne vis qu'à demi.
Elle m'a fatigué de ce nom ennemi ;
Et je ne prétends pas que sa coupable audace
Une seconde fois lui promette ma place.

Britannicus, IV, 2

Ha leído tratados de los sabios
y ajustado el pensar de la filosofía,
acertijos, gramáticas, enigmas
que a las lenguas antiguas dan poesía.

Ha vencido las tramas de las tragedias,
el embrujo del tiempo detenido,
palabras suspendidas en el aire,
naturaleza extrema, sin sentido.

Ha alabado y odiado a mil deidades
olvidadas por siglos, por los hombres,
y entre astutos tartufos fui criado,
junto a tutores, letras y renombres.

Rechacé la opresión de los pequeños,
de mujeres, hermanos y muchachos.
Distraía mi cuerpo con lecturas
que me hacían soñar con las musas.

Asumí la razón de Tales de Mileto,
que solo nobles doctos comprendieron.
Ahora cuento con Luis, nuestro monarca,
para quien la tragedia es su consuelo

Representé al audaz Nerón en tablas,
y entendí sus razones interiores,
su rebelión feroz contra su madre…
No excuso su pecado, solo lo comprendo.

Ya todos saben que el padre del Rey
vive oculto tras una máscara de hierro.
Goza en su celda de amplia cortesía…
¿Es peor que el parricidio aquel encierro?

La tragedia redime, pues es cierta.
Yo mismo la he vivido en mis poemas.
Son pocas mis comedias, mis tragedias:
no ofenderé a mi rey por una broma.

Vida de San Jaime Santander

Aún antes de nacer, su hogar fue el centro,
la casa más abierta de Charalá.
Entre labriegos pobres creció en el barro,
modelando su fe sobre la arcilla.

Sus manos aprendieron el trabajo
como extensión del alma y la justicia.
Más tarde, en Bogotá, enseñó a reos
el arte del perdón y la madera.

Dejó la academia por los humildes,
la pobreza, el dolor y la traición.
Eligió ser pastor de los desechos,
consuelo del sin techo y del vencido.

Cuando un canal dejó tierras baldías,
quiso un gamonal tomarlas por fuerza.
Jaime las repartió entre pescadores
y a ellos consagró su lozanía.

"Iba a Bogotá cuando nos echaban",
me dijo un campesino con respeto.
"Y al volver, ya la tierra era otra vez
de quienes la sembramos con los pies".

A Manatí, de polvo y de mestizos,
de zambos y mulatas olvidados,
llevó la cruz de Cristo sin discursos,
y fue llamado "San Jaime" por los niños.

139

Golpeado, procesado, encarcelado,
absuelto fue por voz del pueblo sublevado.
Su nombre resonó por todo el mapa:
fue la primera reforma del agro.

La Muerte de San Jaime Santander

Desde el Jordán trajo un sueño distinto
tras ver los kibbutzim del campesino.
Y para redimir sus ancestros
de princesa y de espada, fundó un centro.

La primera granja escuela del país
funcionó con trabajo comunitario.
Los jóvenes pagaban sus estudios
sirviendo en la cosecha y en la siembra.

Mas luego, al cabo de unos trimestres,
sus propios seguidores lo traicionan:
hurtaron los ingresos de la granja,
mataron su entusiasmo en pleno surco.

Y aunque como Jesús perdonó a todos,
su corazón cedió a los cuarenta y nueve.
Nadie supo si fue por enfermedad
o si lo envenenaron sus allegados.

Murió como canto en soledad en Dios,
presidiendo su templo en la eternidad.
Mientras lloraban reyes en las costas,
Jaime partía en una habitación vacía.

"Manatí, retablos de un pueblo feliz",
así llamé mi cinta de estudiante.
La hallarás en diversas plataformas,
mi voz frente al desprecio anglosajón.

141

Prohibieron que filmara Norteamérica.
Mi tema fue el olvido de mi tierra.
Allí narro sus hazañas olvidadas,
y el eco de su vida en los humildes.

"No hay otro jesuita como Jaime",
dijo el provincial en el funeral.
"El único que cumplió voto de pobreza",
y el templo se llenó de campesinos.

Vinieron pescadores transformados,
labores de sus manos florecidas,
llegaron sin pedirle ayuda a nadie,
con tierra propia y dignidad cristiana

North Park

Yo habría sacrificado mi patria y mi futuro en Portugal,
confiando en Jesús, mi Señor, Dios Creador.
Reuní mis escasas fuerzas en tu puerto:
la cruz de la Luna y la guadaña de San Jorge.

La perseverancia de España, el perdón de los santos,
banderas del mundo ondeé en caminos abandonados.
Durante cinco meses y cuatro días esperé
escuchar una voz de bienvenida, un saludo.

Mi tribulación reveló mi herida,
y entonces me invitaste a tus naves glamorosas.
Mostré mis publicaciones en inglés,
mis ensayos en revistas de Madrid.

Y alabaste mis proyectos de cine:
"¿De verdad hiciste solo una película de tres horas?"
"Pronto recibirás tu contrato", me escribieron.
Preso de un incauto orgullo, llamé a viejos docentes.

"¡Imposible!", fue su fría respuesta,
una ilusión costosa para mi esperanza, ¡ay!
Un soplo de intolerancia fue tu heraldo, tu adiós:
"Primero, la vicerrectora quiere entrevistarte".

La llamada desde Inglaterra tuvo cinco oyentes.
"¿Cómo justificas que nos hayamos reunido
a las siete de la mañana solo para hablar contigo?"
El lugar de venderme… era sincero mi entusiasmo.

Docentes y racistas fraguaron un complot,
una traición que nos dejó náufragos en Mánchester.
Una supuesta victoria roe el alma:
el clamor de un niño masacrado al nacer.

"No te darán ese trabajo", fue su despedida,
cuando lo encontré en el aeropuerto de Londres.
Tres meses después, el Creador mostró Su Ira:
la angustia de septiembre cundió sobre Chicago

North Park, un lugar tranquilo en Estados Unidos,
tierra que brilla un instante y luego se desvanece
en la corriente de lagos y de ríos
que una vez nutrió un manantial en Tierra Santa.

Mon Amour

Ella era el agua, el aire, el fuego,
una roca bajo el viento furioso.
Desorientada por un amor malogrado,
yo, marinero arrojado a la ribera por su corriente.

En un árbol tallé los días más felices
de una vida sórdida guiada por engaño.
Mis ojos desdeñaron su hermoso rostro;
mas mis pensamientos se hundieron en los suyos.

Mis susurros resonaron en sus oídos,
y ella retrocedió con risa ambigua.
Mi resignación ablandó su duro corazón:
«¡Inocentes fuimos ante el vicio de esta era!».

Solíamos tomar una taza de café
los miércoles, por horas sin fin.
Antes y después, admiré destellos en su alma:
ma jolie femme de France, paisaje del pasado.

De su sonrisa compuse canciones
para niños que jamás tendríamos,
por mandato de su progenitora
y ancestros que edificaron y olvidaron.

En la noche la seguí, la vi abrazar a otro,
y yo, iluminado, perdoné su idilio oculto,
para moldear con ella la arcilla de Pine Street:
dos lenguas en la promesa de la noche.

Quienes amamos sin interés

Al alba me dejará,
Como mis esperanzas antes volaron...

Poe

Al alba me dejará su triste calma,
como volaron ya mis esperanzas...
¡Oh noche! ¿Por qué caes con tanta calma
cuando me ignoran quienes tanto he amado?

¿Por qué no me respondes ni me escribes?
¿Qué hielo hay en tu pecho, en tu mirada?
Los que amamos no olvidamos lo vivido,
sufrimos el vacío de cuartos sin paredes.

Nosotros, forjados en la nobleza
no podemos dejar a quien amamos;
volvemos a buscarlos, si imposible,
aunque nos vean rotos, aun muertos.

Al día siguiente, bajo el cielo azul,
renacen formas, fieras, sin figura;
nos llega el aire cálido y sutil
por la rendija, al pie de la estufa oscura.

Mezclamos dulces con tabaco y bruma,
reviviendo playas, prados y gaviotas,
y un color nos envuelve en su espuma:
¡Ay, pobre de mí! ¡El rojo de tu ausencia!

146

El color de mis pupilas sin consuelo,
el rojo de mi sangre por ti derramada.
Debes llorarlo antes que caiga el velo
de tu vida, o lo tendrás por siempre

"Si hubieras conquistado una fortuna,
si hubieras realizado mis anhelos"
me contestas al buscarte ante la luna
¿No ves que elegí el fango y los destierros?

¿No ves los ángeles que me abrazan,
Para indicarme que cuando veas mi reino,
sabrás que te amé a pesar de tus desprecios
y que jamás fue por lucro mi más puro afecto?